MW01443711

MANUAL DE AUTOPUBLICACIÓN EN EL SIGLO XXI

LIBRO ELECTRÓNICO E IMPRESO EN LA ERA DIGITAL

NORMA GONZÁLEZ HERMOSO
IRMA LETICIA ROBLES GARCÍA

MANUAL DE AUTOPUBLICACIÓN EN EL SIGLO XXI
LIBRO ELECTRÓNICO E IMPRESO EN LA ERA DIGITAL

Cuarta Edición, 2022

DERECHOS RESERVADOS © 2017

Norma González Hermoso
Irma Leticia Robles García

No. de registro derechos de autor:
03-2017-073109525200-01

Prohibida la reproducción total o parcial de esta obra, por cualquier medio, sin autorización escrita de las autoras.

AVE FÉNIX
Círculo de Escritores

Impreso por Amazon

ÍNDICE:

Introducción 9

Capítulo Primero: Planea, Identifica y Construye 15
1.1. Generalidades de la publicación en la era digital 17
Publicar un libro: ayer y hoy 17
1.2. Idea creativa 20
Generación de la idea creativa 20
Buscando tu mercado y competencia 26
Análisis FODA 27
1.3. Autopublicación en el Siglo XXI 31
Autopublicación 31
Conoce las herramientas de la era digital para publicar tu libro 32
Elige tu formato: libro impreso o electrónico 35
Autoevaluación 38

Capítulo Segundo: Escribe, Estructura y Diseña 41
2.1 De la idea al libro 43
Estructura del libro 43
Estructura interna 44
Estructura externa 48
Géneros y categorías 56
Define el tamaño de tu libro 61
2.2. De la estructura a la escritura 62
El proceso de escritura 62
Escritura de libros de ficción 64
Escritura de libros de no ficción 70
Autoevaluación 80

Capítulo Tercero: Aspectos Legales y Regalías 83
3.1. Derechos de autor 85
Derechos morales 89
Derechos patrimoniales 90
Obtención del ISBN 91
Registro del libro 94
3.2. Contratos y regalías 94
Elementos del contrato 95
Regalías 97
Autoevaluación 99

Capítulo Cuarto: Diseño, Impresión y Distribución.......... 101
4.1. Del original terminado al libro publicado...................... 103
Proceso editorial.. 103
Carta al editor.. 106
Maquetación.. 107
4.2. Del diseño a la publicación.. 112
¿Por qué Amazon?.. 112
Proceso de edición digital en Kindle.................................. 113
Impresión bajo demanda.. 123
Libro impreso mediante KDP... 125
Autoevaluación.. 131

Capítulo Quinto: Crea tu Imagen: Promueve y Publicita.. 133
5.1. Del autor a la mercadotecnia.. 135
Mercadotecnia del autor... 135
5.2. De la marca a su promoción... 139
Portafolio de la marca... 139
Portafolio de eventos... 143
Autoevaluación.. 146

Capítulo Sexto: Crea, Conecta y Comparte....................... 149
6.1. Marketing en la era digital... 151
Las redes sociales como herramienta de marketing........... 151
Blog y página Web... 153
6.2. Posicionamiento como autor... 154
    Posiciona tu libro.. 154
Crea tu página de autor en Amazon................................... 155
Reseñas o comentarios, calificación del lector................... 161
6.3. Del best seller a la carrera de autor............................... 165
Aspectos a considerar para elevar ventas (Best Seller Amazon).. 165
Carrera del autor.. 166
Autoevaluación.. 172

Carta a los nuevos autores de la era digital........................ 175
Bibliografía y Recursos en línea.. 179
Sobre las autoras... 180
Contacto con las autoras... 181
Otros libros de las autoras.. 182

INTRODUCCIÓN

Si estás leyendo estas líneas, es porque seguramente te gusta escribir y tienes interés por compartir con el mundo lo que has aprendido a lo largo de tu vida. Una forma de trascender y dejar huella es la escritura de un libro. Escribir, es sin duda, un proceso creativo y la mejor forma de compartir. Crear es perdurar en el tiempo.

La capacidad de crear de todo ser humano, nos ha conducido a generar cambios sustanciales que han transformado la sociedad en que vivimos. A partir de la curiosidad que nos caracteriza como especie, surgieron las ideas, el conocimiento y la necesidad de aplicarlo en la vida diaria. En un primer momento, se buscó atender las necesidades básicas y el mejoramiento de la calidad de vida de las personas en sociedad. El conocimiento generado, sin duda, constituye uno de los productos humanos más valiosos, en la medida en que son compartidos y empleados para lograr el bienestar social. Surge entonces la capacidad de transmitir y difundir el conocimiento; la invención de la imprenta, indudablemente transformó la forma de comunicarnos y abrió la posibilidad de difundir las ideas y socializar el conocimiento.

La creación del libro impreso marcó una revolución que transformó la forma de acceder al conocimiento que persiste hasta la actualidad. Sin embargo, lo que hoy se ha denominado la sociedad del conocimiento y de la información, ha traído consigo otra revolución tecnológica, que transforma totalmente la forma de impresión tradicional de un libro: la era digital.

La era digital trae consigo cambios en la forma de relacionarse, comunicarse e incluso en los mecanismos para la divulgación y difusión del conocimiento.

Con el crecimiento a nivel mundial del uso de las tecnologías de la información y la comunicación, las posibilidades de interconectarse a nivel global se facilitan. Internet se constituye como la red que diversifica todas estas posibilidades de encontrar en segundos un sinfín de información. Además, ha transformado también la forma de comercializar, promover y difundir productos y servicios, al contar con plataformas que permiten la adquisición de infinidad de bienes disponibles en la red, al seguir una serie de sencillos pasos.

Es por ello, que ponemos a tu alcance una serie de herramientas novedosas que complementan la escritura de tu libro, las cuales te ayudarán a crear y compartir tu obra, a través de las diversas modalidades que nos ofrece la era digital. Entre los productos de fácil acceso a través de internet, encontramos la existencia de plataformas que difunden, promueven y comercializan libros a través de nuevas opciones digitales.

La industria editorial, por tanto, está viviendo transformaciones vertiginosas. Indudablemente existen usuarios que prefieren y preferirán siempre una versión impresa de un libro, sin embargo, no podemos permanecer ajenos a que cada vez más, las nuevas generaciones, adquieren productos innovadores que han creado opciones eficientes, para que los lectores tengan acceso a la literatura de su interés de una manera sencilla y en forma rápida: libro electrónico y audio libro.

Las novedades en la industria editorial, incluyen mecanismos para la impresión de libros, a través de una modalidad denominada impresión bajo demanda. Esta innovación transforma también el papel tradicional del editor, al cual compete evaluar si una obra debe ser publicada o no, el diseño editorial, conocimiento sobre los procesos de impresión y financiamiento de la obra para llegar a su impresión. Actualmente, la existencia de plataformas en internet, que ofrecen el servicio de impresión bajo demanda, entre ellos Amazon.com, Ibooks, Lulu.com, etc., transforman la visión del editor; pero sobre todo se reducen las fronteras para que un escritor o autor pueda publicar su obra.

En resumen, la era digital genera la posibilidad de que tú como escritor de este siglo XXI, te involucres en el proceso de gestión de tus propias obras, seas partícipe en el diseño editorial y te conviertas en autor-editor, siempre y cuando cubras criterios que te piden dichas plataformas para publicarte. En el proceso de autopublicación, te conviertes en el responsable directo de la obra, por lo que debes familiarizarte con diversos procesos que te permitirán generar una obra de calidad, atendiendo al formato, pero sobre todo a cuestiones de presentación, redacción y estilo. Lo anterior te permitirá publicar a tu propio ritmo, por lo que no estarás sujeto a las decisiones de los agentes o editores.

Además, conocerás y aplicarás estrategias de marketing, a fin de que logres posicionar tu libro en el mercado y mantener un vínculo más cercano entre autor y lectores.

Esta obra está dirigida a ti y a todas aquellas personas que encuentran en el escribir una forma de compartir, porque como escritor buscas ser parte de esta nueva forma de conocimiento; partiendo de la premisa de que los seres humanos y los procesos de acercamiento a la cultura y al conocimiento tienen que adaptarse a las condiciones cambiantes en esta era digital. Por ello, nuestra intención es ofrecer una orientación general sobre los procesos que intervienen en el diseño, edición y creación de un libro; pero además que conozcas las herramientas que existen para que como escritor puedas producir, promocionar y comercializar tus creaciones, empleando todos los recursos digitales disponibles para lograr este propósito.

Esta obra es producto de un cúmulo de experiencia en el área editorial, basada en la participación en congresos de la Asociación Internacional de libros para niños de Los Ángeles (Society of Children's Book Writers and Illustrators), formación en la introducción al mundo del libro de la Cámara de la Industria Editorial Mexicana y diplomado de autopublicación en Barcelona, España.

Con base en la experiencia obtenida, surge el interés de compartir contigo, un método completo que te permitirá autopublicar tu libro de una forma exitosa, en las modalidades de libro impreso y electrónico; además, te ofrecemos una variedad de estrategias de marketing para que logres posicionar tu libro y facilitarte el camino como autor.

¡Atrévete a incursionar en esta nueva modalidad de publicación, donde aprenderás a navegar en un mundo de oportunidades para el escritor en este Siglo XXI!

Las autoras

Las ventajas de la autopublicación:

- Tú trabajo será publicado, no hay rechazo.

- Tú controlas los aspectos de producción del libro.

- No hay contratos a largo plazo.

- Se pagan márgenes más altos por libro y, a menudo, se te puede pagar más rápidamente.

- Puedes crear una segunda edición de un libro o corregir errores mucho más fácilmente.

- Completo control creativo.

- Mayores tasas de regalías.

- Un equipo editorial cuidadosamente seleccionado por ti.

- Sin estrés de plazo.

- Un proceso de publicación más rápido.

- Días de pago más frecuentes.

- Tus derechos de Autor siempre quedan en tus manos.

- Mayores oportunidades para los nichos de mercado.

- Entre otras más.

CAPÍTULO PRIMERO:
PLANEA, IDENTIFICA Y CONSTRUYE.

1.1. Generalidades de la publicación en la era digital.

📖 Publicar un libro: ayer y hoy.

1.2. Idea creativa.

📖 Generación de la idea creativa.

📖 Buscando tu mercado y tu competencia.

📖 Análisis FODA.

1.3. Autopublicación en el Siglo XXI.

📖 Autopublicación.

📖 Conoce las herramientas de la era digital para publicar tu libro.

📖 Escoge tu formato: libro impreso o electrónico.

1.1. Generalidades de la publicación en la era digital

📖 Publicar un libro: ayer y hoy

Escribir un libro quizás siempre ha sido una de tus metas creativas y solamente necesitas obtener herramientas para convertirlo en realidad. Posiblemente, la idea de escribir un libro surja a medida que avances en la lectura de esta obra. Cualquiera que sea la situación en que te encuentres, nuestra intención es que conozcas técnicas y herramientas valiosas que te ayudarán a escribir y publicar tu libro.

Gabriel Zaid (1996), en su obra Los demasiados libros, hace un análisis de la función que han tenido los libros en la cultura, señalando su importancia como medio de difusión.

1. El libro es el primero de los medios de comunicación masiva que surge en la historia, y sigue siendo el más noble.

2. La influencia de los libros es enorme: la cultura se extiende y comunica a través del libro. (p.47)

El libro, independientemente del formato en que se presente o de la modalidad de publicación, nunca dejará de cumplir la misión para la cual fue creado y su impacto en el desarrollo de la cultura.

> *DATO INTERESANTE*
>
> *En 1939 Pocket Books, en los Estados Unidos, revolucionó la industria editorial, con la producción de la primera serie de libros con encuadernación en rústica para el mercado en masa.*

Publicar un libro es un proceso que involucra actividades diversas como la revisión, edición, impresión y difusión a través de estrategias de marketing. Hoy en día se amplían las posibilidades de convertirse en autor-editor, puesto que los medios para publicar se han transformado en esta era digital.

La industria editorial, así como los procesos de publicación, tienen un origen y evolución que impacta en la forma de acercar a los lectores temas de interés general. El medio editorial nunca ha sido de fácil acceso. En una etapa inicial, la industria editorial publicaba libros exclusivamente en pasta dura a un precio elevado, lo que disminuía la posibilidad de tener acceso al público en general.

Durante el Siglo XX, en la década de los treinta, surge la impresión en rústica, consistente en libros de formato pequeño o de bolsillo, permitiendo así llevar la cultura a muchos y no a pocos. (Korda, 2004)

La historia de la industria editorial, demuestra que siempre han existido mecanismos alternos para publicar y difundir un libro. Los libros de bolsillo se vendían en puestos de periódico o revistas, en estaciones de tren y de camiones, logrando llegar así a un mercado masivo de lectores.

Michael Korda (2004), señala que esta idea se consolidó durante la segunda guerra mundial, cuando las tropas leían millones de libros en rústica. En este contexto, la edición de libros para el mercado masivo estaba dirigida a cubrir necesidades de los lectores, dando prioridad a lo que la gente quería leer en realidad.

Lo anterior demuestra la importancia de adaptar los procesos involucrados en la edición y venta de libros, en función de las necesidades del mercado de lectores, según la época y el contexto social. Si partimos de esta premisa, se deben ampliar los medios de acceso a la literatura y los medios que promueven y facilitan la distribución y expansión de la cultura, a través de los libros.

La industria editorial debe adaptarse a los cambios vertiginosos de la sociedad de la información y el conocimiento. Por ello, las opciones de publicación se diversifican y los autores o editores deben modificar los paradigmas en torno al proceso tradicional de impresión de un libro.

En la industria editorial, los manuscritos se someten a revisiones exhaustivas donde los editores elaboran un dictamen y se analiza la posibilidad o no de editarlo. El trabajo de un corrector de estilo consiste en corregir la puntuación, gramática y ortografía de los autores; también implica hacer recomendaciones o comentarios al autor sobre el contenido y se analiza incluso si es necesario cambiar el título.

El proceso editorial siempre ha sido complejo y extenso: se hace corrección de redacción y estilo, diseño, ilustración y maquetación e incluso se tiene que trabajar con el área de mercadotecnia para tratar de convencer a los editores de las razones por las que es importante editarlo o publicarlo.

Es distinto editar libros de ficción y no ficción. En la no ficción, el margen de cambios a realizar puede ser más limitado, se puede reescribir, cortar, darle otra forma; sin embargo, el libro está definido por el tema que aborda.

Con las obras de ficción es distinto, si el autor tiene la disposición de hacer grandes cambios, el editor puede analizar personajes, motivación, trama, personajes secundarios, entre otros, incluso escenas completas pueden reestructurarse o cambiarse en su totalidad.

Otra de las revoluciones que ha enfrentado la industria editorial, se presenta a partir de la incorporación y uso de la computadora para facilitar los procesos editoriales.

Mientras tanto, la computadora –que algunos editores consideraron como el invento que traería el fin de la palabra escrita- resultó ofrecer ventajas significativas a las Editoriales, y no sólo como herramienta de negocios. La computadora trajo consigo una ya esperada revolución en la forma de procesar los manuscritos. (Korda, 2004, pág. 362)

En este contexto, surgen los procesadores de palabras, facilitando el proceso de revisión, corrección de estilo y edición de los manuscritos. El inicio de la década de los noventa, es el periodo que envío señales de los grandes cambios que se aproximaban en la industria editorial.

El surgimiento de internet, considerado la mayor innovación en el ámbito de la comunicación, por ser un medio de difusión e incluso construcción del conocimiento, trajo consigo la necesidad de transformar las formas de publicar, comercializar y distribuir los libros.

Actualmente, además del tradicional libro impreso, los lectores acceden de una manera rápida y confiable, a una diversidad de plataformas en internet, que permiten descargar un libro electrónico o un audio libro; convirtiéndose en un medio más eficiente de vender una obra, pero más aún, abre la posibilidad de facilitar el acceso al conocimiento, en lo que hoy llamamos la era digital.

1.2. Idea creativa

¿Alguna vez te has planteado la posibilidad de transmitir tus experiencias o conocimientos a otras personas?, ¿te gustaría trascender compartiendo tus pensamientos e ideas a través de un libro?

Si tu respuesta ha sido afirmativa, entonces te encuentras en el camino para lograrlo. La idea creativa consiste en generar una propuesta de valor que permita identificar elementos distintivos de tu libro en relación con otros del mismo género.

Generación de la idea creativa

Crear es un proceso que conduce a plantear una idea novedosa, pero además involucra acciones de análisis y reflexión del entorno donde se insertará esa idea.

Edward De Bono (2004), señala en su libro El pensamiento creativo, la importancia de la generación de una idea creativa: "No hay nada más maravilloso que pensar en una idea nueva. No hay nada más magnífico que comprobar que una idea nueva funciona. No hay nada más útil que una nueva idea que sirve a nuestros fines". (p.23)

Es así que para plantear la idea creativa de tu libro, necesitarás reflexionar en torno al compromiso que adquieres como autor y la necesidad de que esa obra creada sea útil y funcional. Escribir es un compromiso, es tu legado.

Comencemos con el siguiente ejercicio reflexivo, responde a los cuestionamientos planteados con claridad. Este proceso te ayudará a definir tu idea creativa.

1. Define cuál es el legado que quieres aportar con tu libro a la humanidad, ¿qué puedes aportar a las personas y evalúa qué necesitan o lo que realmente quieren saber?

2. Escribe una carta breve a tu ser creativo y explícale lo que quieres lograr con tu obra, ¿qué necesitas y por qué elegiste ese tema para tu proyecto?

3. Escribe tus habilidades y los valores personales que te ayudarán a cumplir ese proyecto.

4. Haz un inventario de las principales experiencias que quieres compartir.

Así mismo, en el proceso creativo, es necesario identificar algunas creencias o limitantes personales que pueden influir en el logro de tu compromiso. Tener claridad de ellas te ayudará a buscar áreas de oportunidad para transformarlas en nuevas habilidades. Reflexiona lo siguiente:

¿Qué te detiene o bloquea al momento escribir?

Una vez que has completado el ejercicio, comienza a desarrollar tu idea creativa. Para lograrlo te proponemos cuatro sencillos pasos. Recuerda que deberás ir relacionando cada uno de los factores planteados, hasta lograr plasmar con claridad la idea de tu libro.

> *Identifica el tema sobre el que deseas escribir*
> *Define tu público lector*
> *Escribe tu propósito*
> *Argumenta las ventajas de tu libro*

1. Identifica el tema.

Comencemos por definir qué deseas escribir. En un primer momento, cuando inicia un proceso creativo, debes escribir todas las ideas sin evaluarlas. La evaluación se realizará en una etapa posterior.

Responde a una pregunta inicial; ¿cuál es el género o temática en la que deseo compartir mi experiencia a través de un libro?

2. Define tu público lector.

Es preciso que identifiques a quiénes está dirigido tu libro, porque de esa manera el contenido, la estructura e incluso el estilo y la redacción van a tener características particulares, en función de la población a la que te quieres dirigir.

La siguiente pregunta te ayudará a plantearlo:

¿Qué necesitan los lectores y cómo puedo contribuir a cubrir esa necesidad mediante mi experiencia?

3. Escribe tu propósito.

Todo libro tiene una razón de ser y existir, porque busca resolver un problema, brindar herramientas para desarrollar un proceso, reflexionar o analizar sobre un tema en particular de interés general, presentar tendencias o avances en algún ámbito de la ciencia y la tecnología, entre muchos otros. Por ello, es preciso que el autor defina las intenciones que persigue al escribir un libro.

En este apartado, debes explicar de una forma clara y sencilla el propósito u objetivo que persigues al escribir tu libro. Las preguntas guía que te ayudarán a definirlo son las siguientes:

¿Cuál es la intención que tengo al escribir mi libro?

¿Por qué deseo dirigirme a un público lector determinado?

4. Argumenta las ventajas de tu libro.

Argumentar es ofrecer razones que permiten sustentar una idea, en el caso de un libro, consiste en fundamentar por qué es importante escribir sobre un tema determinado. Imaginemos que un autor desea escribir sobre una temática que considera es muy importante para la juventud, sin embargo existen diversos autores y una variedad de libros que abordan ese tema. Para lograr identificar los elementos distintivos de tu libro debes responder las siguientes preguntas:

¿Qué elementos puedo agregar a mi libro que lo haga distinto de los libros que ya existen?

¿Cuál es la diferencia que quiero introducir en mi libro en función de la competencia?

Una vez que lograste plantear tu idea creativa, será necesario transformarla en una realidad. Aquí te presentamos una serie de actividades que permitirán convertir esa idea en productos específicos.

Cuadrando ideas

Este cuadro te ayudará a estructurar mejor tus ideas iniciales.

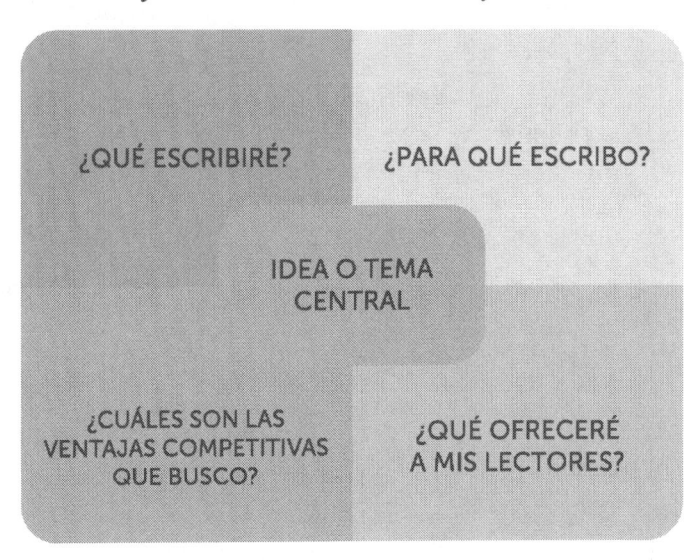

¿QUÉ ESCRIBIRÉ?	¿PARA QUÉ ESCRIBO?
IDEA O TEMA CENTRAL	
¿CUÁLES SON LAS VENTAJAS COMPETITIVAS QUE BUSCO?	¿QUÉ OFRECERÉ A MIS LECTORES?

En la parte central escribe el tema que deseas abordar en tu libro. Ya tienes la idea general, solamente utiliza las palabras que te permitirán comenzar a definir la temática a desarrollar.

■ En la esquina superior izquierda, escribe ideas o subtemas vinculados con el tema central.

■ En el cuadro de la parte superior derecha, escribe palabras clave relacionadas con el propósito del libro.

■ En el cuadro inferior izquierdo, escribe los aspectos que contendrá tu libro, relacionados con las ventajas competitivas que tiene. Es decir, las características propias que deseas manejar en tu libro y te ayudan a diferenciarlo de otros libros similares.

■ En el último cuadrante, en la parte inferior derecha, escribe cómo emplearás la experiencia profesional que tienes y cómo compartirás ese conocimiento.

Elabora un mapa conceptual o mental

▪ En el mapa conceptual o mental se van a plasmar las ideas generales de lo que quieres escribir. Si deseas elaborar un mapa conceptual, comienza por colocar un círculo en el centro que contenga el tema central sobre el que escribirás.

▪ Ahora, comienza a derivar alrededor de este círculo las ideas relacionadas con el tema central, lo que posteriormente denominaremos subtemas, que son las ideas que vas a desarrollar en el libro.

▪ Después, especifica ideas secundarias relacionadas con cada subtema, vinculadas con el contenido particular que deseas abordar.

Utiliza imágenes o dibujos relativos a cada una de las ideas. La característica principal del mapa mental es que emplea pocas palabras y se apoya de imágenes, de tal forma que te permita presentar las ideas generales del libro.

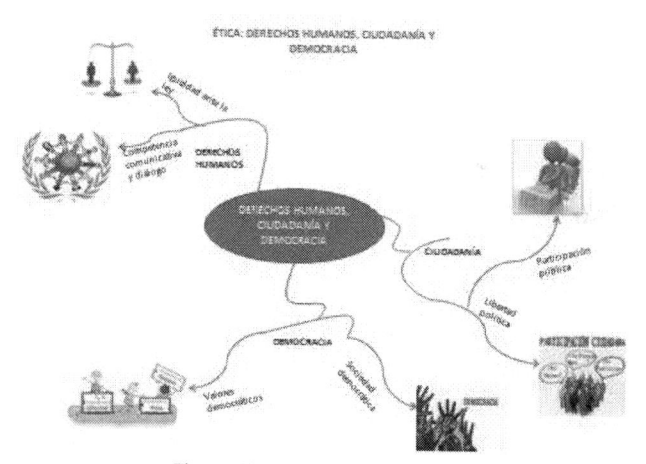

Figura No. 1. Mapa conceptual

Para diseñar tu mapa conceptual o mental, puedes emplear programas especiales para ese fin, también puedes utilizar *PowerPoint*, o bien puedes hacerlo con lápiz y papel. Todo dependerá de los recursos que tengas y las habilidades que poseas.

Figura No. 2. Mapa mental

Elabora un esquema del contenido de tu libro

El esquema del contenido, corresponde al primer esbozo para integrar el índice de tu libro. Es conveniente estructurarlo por capítulos y subcapítulos. Quizás te preguntarás: ¿de dónde voy a tomar las ideas para comenzar a generar el índice de mi libro? La respuesta está en el mapa mental que diseñaste.

El mapa mental se emplea como referencia para empezar a conformar los capítulos y seleccionar los subtemas a desarrollar. En este momento, no es necesario considerar elementos como introducción, prólogo, anexos, apéndices, entre otros. Esto se trabajará en la estructura de la obra.

📖 Buscando tu mercado y competencia

Una vez definida la idea creativa, es conveniente realizar un análisis de la competencia de tu libro, lo que permitirá definir el mercado potencial a quien te dirigirás. Para lograrlo deberás realizar las siguientes actividades:

Realiza una búsqueda de tu competencia.

■ De acuerdo a la categoría en que se ubica tu libro, pregunta en una librería cuáles son los libros más buscados y con mayor número de ventas.

- Busca en internet títulos relacionados con tu libro e identifica elementos como: título, subtítulo, descripción, formato de venta (electrónico o impreso) y precio.

- Ingresa a la página de Amazon y otras plataformas para la venta de libros e identifica la lista de *best seller* en la categoría de tu libro, en español e inglés y los libros más destacados por palabras clave.

- A partir de esta búsqueda selecciona tu competencia y elabora un cuadro comparativo que te permita identificar los aspectos comunes. Esto te permitirá determinar las ventajas competitivas de tu libro.

- Busca todas las categorías que maneja *amazon.com* y *amazon.com.mx* y elige tres categorías que correspondan a tu libro.

Análisis FODA

- Para lograr distinguir las ventajas competitivas de tu libro, es decir los aspectos que lo hacen diferente de otros del mismo género y categoría, debes realizar un análisis FODA. Esta es una herramienta muy útil, debido a que permite realizar un diagnóstico de la situación actual del mercado objetivo al cual se dirige el libro.

- El análisis FODA permite identificar: Fortalezas, Oportunidades, Debilidades y Amenazas. Considera la valoración de factores internos y externos. El análisis interno implica identificar las fortalezas y debilidades que tiene el propio escritor, mientras que el análisis externo consiste en describir las oportunidades y las amenazas considerando la demanda y competencia existente en el mercado, según las modalidades de libro electrónico o impreso.

- Para comenzar a elaborar este análisis, te presentamos una serie de interrogantes que te permitirán identificar tus fortalezas y debilidades, así como plantear las oportunidades y amenazas.

Después de responder a estas preguntas, deberás completar dos matrices: la primera se relaciona con tu propio libro y la segunda establece un comparativo con la competencia.

Al finalizar, tendrás una idea muy clara de las ventajas competitivas que tiene tu obra.

Preguntas guía para realizar un análisis FODA

-Interrogantes para identificar fortalezas

1. ¿Cuáles son las características de mi libro que permiten diferenciarlo de la competencia?

2. ¿Cuáles son los aspectos que distinguen a mi libro de otros del mismo género?

3. ¿Cuáles son los conocimientos, competencias o habilidades que se busca desarrollar en el lector de mi libro?

-Interrogantes para identificar debilidades

1. ¿Cuáles son las características que tienen los libros de mi competencia que lo convierten en exitoso?

2. ¿Qué factores pueden influir en los lectores para tomar la decisión de compra entre mi libro y la competencia?

3. ¿Cuáles son las desventajas que tengo con respecto a los libros de mi competencia?

Puedes considerar: experiencia, posicionamiento en el mercado, precios, calidad, promoción, publicidad y distribución.

-Interrogantes para identificar oportunidades

1. ¿Qué necesito para superar a los libros de mi competencia?

2. ¿Qué estrategias pueden permitirme enfrentar a la competencia y lograr que mi libro sea exitoso?

3. ¿Cuáles son las características distintivas de mi libro que permiten encontrar la oportunidad de lanzarlo al mercado?

-Interrogantes para identificar amenazas

1. ¿Cuáles son los riesgos que puedo enfrentar una vez publicado mi libro?

2. ¿Qué situaciones puede generar un bajo nivel de ventas de mi libro?

3. ¿Qué factores pueden limitar el posicionamiento de mi libro en el mercado?

Una vez respondidas estas interrogantes, el siguiente paso consiste en elaborar dos matrices. En la primera realizarás un análisis de tus propias fortalezas y debilidades; además identificarás las oportunidades y amenazas personales.

La segunda matriz corresponde al análisis de los libros de tu competencia, identificando sus características, fortalezas y debilidades; así como también las debilidades y oportunidades que tienes como escritor.

MATRICES DE ANÁLISIS FODA

	Fortalezas	Oportunidades	
Análisis interno			Análisis externo
	Debilidades	Amenazas	

MATRICES DE ANÁLISIS FODA

LIBRO DE MI COMPETENCIA	MI LIBRO
Fortalezas	Debilidades
Debilidades	Oportunidades
Principales libros de mi competencia: • • •	Principal característica: • • •

En esta matriz, las fortalezas de los libros de tu competencia, se convierten en las debilidades que puede tener tu libro. Sin embargo, las debilidades que ellos tienen, se convierten en oportunidades para ti.

A partir de la información recabada en las matrices, responde el siguiente ejercicio que te permitirá identificar debilidades o limitaciones que deberán convertirse en áreas de oportunidad y aspectos de mejora.

1. Expresa tus miedos, preocupaciones, obstáculos o barreras y plantea qué puedes hacer al respecto para enfrentarlas.

2. ¿Qué te detiene o bloquea para escribir?

3. ¿Qué te hace procrastinar?, ¿eres muy perfeccionista?, ¿tienes dudas?, ¿te falta confianza en ti mismo?

Para finalizar este análisis, redacta las ventajas competitivas que tiene tu obra, las cuales te permitirán determinar el éxito de tu libro en el mercado.

1.3. Autopublicación en el Siglo XXI

📖 Autopublicación

El proceso de autopublicación es la tendencia de este siglo XXI, debido a los cambios vertiginosos que se viven desde la incorporación de las tecnologías de la información y la comunicación en la sociedad. Lo anterior es un indicador de que cada vez existen mayores usuarios en internet y además hay un incremento en las compañías y plataformas que ofrecen servicios de autopublicación para autores nuevos y reconocidos.

Los procesos de comercialización por internet también se han elevado significativamente y el ámbito de los libros no es la excepción. Existen diversas plataformas en internet que ofrecen los servicios de autopublicación en tres modalidades: libro electrónico o eBook, libro impreso bajo demanda y audio libro.

Es importante que tú como escritor conozcas y te familiarices con las plataformas existentes para autopublicar, comercializar y promocionar tus libros.

Entre las principales plataformas para realizar el proceso de autopublicación encontramos:

1. Amazon

Es una excelente opción para autopublicar tu libro, puesto que Amazon es la plataforma más grande; cuenta con millones de compradores en el mundo. Ofrece los servicios de libro impreso bajo demanda y electrónico, a través de la página de Kindle Direct Publishing (KDP), sin costo para el autor, incluyendo la asignación de un ISBN para comercializar tu libro y herramientas digitales para la promoción y publicidad del mismo.

2. Ibooks

El mercado potencial son los usuarios de Apple (iphone, ipod, ipad y Mac), incluye una tienda virtual para comprar libros, así mismo posee una plataforma llamada itunes connect, que ofrece el servicio para publicar libros. Existe también la herramienta iBooksAuthor que permite escribir, editar, diseñar y maquetar, con el objetivo de crear libros electrónicos.

3. Bubok

Es una plataforma que brinda diversos servicios para autores independientes, incluyendo la edición, publicación y difusión de un libro. También ofrece la opción de autopublicación en papel y electrónico, sin embargo el proceso de apoyo o acompañamiento implica una inversión por parte del autor.

4. Lulu

Esta opción de autopublicación incluye la versión digital e impresa, pero además cumpliendo una serie de requisitos y especificaciones puedes publicar tu obra en otras plataformas.

5. Casa del libro

Casa del libro es una librería española y ha sido de las últimas que ofrece los servicios para autopublicar, a través del servicio: autopublicación tagus.

Actualmente, solo tiene la opción de publicación en formato electrónico. Ofrece tres paquetes para autopublicar: gratuito, básico y superior. El proceso gratuito no incluye la gestión del ISBN.

Conoce las herramientas de la era digital para publicar tu libro

Escribir y publicar un libro es un proceso que está evolucionando a partir de la incorporación de las herramientas que nos ofrece la era digital. Esta situación conduce a analizar las diversas alternativas que existen para escribir, editar, publicar, promover, comercializar y lograr posicionar tu libro en este siglo XXI.

Los escritores hoy en día, deben acceder a las diversas opciones que existen para publicar sus libros, entre ellas podemos resaltar el proceso de autopublicación, donde encontramos que además del libro impreso en papel, existen tendencias actuales a las cuales el escritor no puede permanecer ajeno, tales como libro electrónico y audio libro.

Es innegable que la era digital transforma los procesos de publicación de un libro, por lo que los escritores deben adaptarse a las nuevas modalidades. Una de las ventajas de publicar a través de las diversas herramientas tecnológicas, es que el mercado a quien se dirige nuestro libro se expande, puesto que el número de lectores que emplean recursos tecnológicos para leer es cada vez mayor.

Por lo anterior, es importante que los escritores de la era digital conozcan la diversidad de herramientas que existen para crear, diseñar, producir y promocionar sus obras mediante herramientas tecnológicas. Permitiendo ser un autor que logre posicionar sus libros a través de las plataformas más importantes a nivel mundial para la promoción y venta de libros.

De acuerdo con Ana Nieto (2016), existen diversas herramientas que te ayudarán a escribir, publicar y promocionar tu libro. A continuación mencionaremos solamente algunas de ellas, considerando las herramientas y aplicaciones que facilitan el trabajo del escritor; las cuales aparecen agrupadas en las siguientes categorías:

📁 Archiva tu información

Conjunto de recursos digitales que te permitirán organizar la información a través del uso de etiquetas, archivos de notas; almacenar post, videos o imágenes.

Delicious, Evernote y Pocket.

Productividad y escritura

Herramientas para realizar el diseño de tu libro a través de plantillas, tipografías, traductores, contadores de palabras, que facilitan la edición personalizada y acorde a tus necesidades.

Scrivener, Better Books Tools, Book designs templates, Copyskape, Fontsquirrel, Wordcounter.

Organización del trabajo

Integra servicios de almacenamiento en la nube, seguridad y manejo de contraseñas, elaboración de organizadores gráficos (mapas mentales y conceptuales), organizadores de notas, planeación y organización de tareas para proyectos conjuntos (coautoría), contratación de servicios virtuales (en caso necesario).

Google Drive, LastPass, Pooplet, Simplenotes.

Imágenes, presentaciones, vídeo y audio.

Herramientas para editar imágenes, crear carteles, tarjetas, infografías, portadas de facebook, convertidores de imágenes a distintos formatos, búsqueda de íconos, comprimir, editar y personalizar imágenes, elaborar presentaciones atractivas para promocionar un libro,

Canva, Coolutils, Fotolia, Pixabay, Schutterstock, Iconfinder, Jpeg Optytimizer, Pic Monkey, Slideshare.

Comunicación

Herramientas de marketing que te permiten compartir información, incorporar una cuenta de email a tu blog o página en facebook, a fin de incorporar un formulario de suscripción gratuita y mantener contacto con tus visitantes.

WeTransfer, Join Me, MailChimp.

📖 Elige tu formato: libro impreso o electrónico

¡Si deseas publicar tu libro, una variedad de opciones para lograrlo! Una de las múltiples ventajas de ser un escritor del Siglo XXI, es precisamente que cuentas con diversas posibilidades para publicar.

Las modalidades de formato más empleadas en esta era digital son precisamente: libro impreso, electrónico y audio libro.

Libro impreso.

Es la modalidad tradicional para publicar, sin embargo, además de poder hacerlo a través de una Editorial convencional, ahora lo puedes hacer a través de los servicios que ofrecen diversas plataformas en internet.

Estas plataformas te ofrecen la posibilidad de imprimir tus libros, en una modalidad que se conoce con el nombre de impresión bajo demanda. Al subirlo a la plataforma que tú elijas, el usuario o lector podrá solicitar en forma directa el número de copias del libro que necesite o bien, si tú como autor organizas un evento para presentar tu libro, participas en un congreso, impartirás una conferencia o incluso si deseas emplearlo con tus alumnos o colegas como instrumento de trabajo, puedes realizar el pedido de ejemplares que necesites y los obtendrás de una forma muy accesible.

Libro electrónico.

Sin duda, es la opción de publicación que está incrementando su nivel de ventas en la actualidad. La accesibilidad es un aspecto importante a considerar, puesto que intervienen dos factores principales:

Se pueden adquirir de una forma rápida y confiable con un solo click.

▪ También, se pueden leer en cualquier dispositivo móvil.

■ Los costos son reducidos, puesto que el proceso de publicación, comercialización y difusión, se realizan en forma electrónica.

El libro electrónico es una excelente opción de publicación, puesto que se amplía el número de lectores potenciales y se evitan gastos de operación relacionados con la impresión y distribución física del libro.

Hay un mito en relación a que el libro electrónico reemplazará al libro impreso. Sin embargo, empresas como Amazon también publican en papel y están incrementando sus niveles de ventas, porque sus costos de producción y operación son más reducidos. Bajo nuestra experiencia te podemos decir que hemos vendido más en plataforma que con la editorial convencional. Recuerda que las Editoriales venden a través de librerías, y que éstas en ocasiones, tienen tu libro en disponibilidad y en otras lo mantienen almacenado, puesto que promueven en mayor grado aquéllos títulos que más se venden. Así mismo, ante la existencia de una infinidad de títulos, es difícil que estas empresas inviertan en estrategias de mercado para promocionarlos en forma adecuada.

En cambio, como lo verás más adelante en el capítulo de marketing, una de las principales ventajas de la autopublicación, consiste en que tú como autor, te conviertes en el coordinador, supervisor y creador de tu propia campaña publicitaria; permitiendo también que lleves un control preciso sobre tus niveles de ventas, a través de las plataformas de autopublicación. Incluso grandes premios nobel, best sellers y libros de batalla, venden muchísimo desde plataformas como Amazon, Ibooks y algunas más pequeñas.

Audio libro.

Existen personas que prefieren escuchar un libro, en lugar de leerlo impreso en papel o a través de un dispositivo móvil. Como autor-editor debes estar consciente de los intereses y necesidades de tu público lector, por lo que existe un mercado potencial en el formato de audio libro. Entre los principales consumidores del audiolibro encontramos personas con necesidades auditivas especiales o debilidades visuales, personas de la tercera edad y otros sectores que tienen acceso al conocimiento y la información a través de este medio.

El audio libro presenta dos modalidades: grabaciones habladas de libros ya existentes o libros creados bajo ese formato audible para ser difundidos.

El proceso para generar un audiolibro es muy específico, debido a que se deberá contar con un productor en audio, un narrador y equipo técnico que permita al producto tener las características deseables para subirse a las plataformas existentes para tal fin.

Las principales plataformas para autopublicar un audiolibro son: *audible.com* (una compañía de *Amazon.com*), así como *iTunes* de *Apple*.

Autoevaluación

Valora en una escala del 1 al 10 el avance en cada una de las siguientes etapas del desarrollo de tu libro. Donde 1 corresponde a no realizado y 10 representa que has concluido.

Generé la idea creativa de mi libro, a partir de las herramientas presentadas.	1 2 3 4 5 6 7 8 9 10
Diseñé el mapa conceptual o mental de mi libro.	1 2 3 4 5 6 7 8 9 10
Realicé el esquema del contenido de mi libro	1 2 3 4 5 6 7 8 9 10
Identifiqué el mercado y competencia de mi libro.	1 2 3 4 5 6 7 8 9 10
Realicé el análisis FODA e identifiqué las ventajas competitivas.	1 2 3 4 5 6 7 8 9 10
Logré distinguir las opciones de autopublicación y sus ventajas	1 2 3 4 5 6 7 8 9 10
Seleccioné el formato para mi libro: impreso, electrónico o audiolibro.	1 2 3 4 5 6 7 8 9 10

CAPÍTULO SEGUNDO:
ESCRIBE, ESTRUCTURA Y DISEÑA

2.1. De la idea al libro.

- 📖 Estructura del libro.
- 📖 Estructura interna.
- 📖 Estructura externa.
- 📖 Géneros y categorías.
- 📖 Define el tamaño de tu libro

2.2. De la estructura a la escritura.

- 📖 El proceso de escritura.
- 📖 Escritura de libros de ficción.
- 📖 Escritura de libros de no ficción.

2.1 De la idea al libro

📖 Estructura del libro

Una vez que tienes la idea clara sobre lo que escribirás, deberás comenzar a convertir tu idea en un producto concreto. Revisaremos la estructura interna y externa del libro, donde encontrarás estrategias y recomendaciones prácticas para comenzar a dar forma a tu obra. En la siguiente figura encontrarás los elementos que integran la estructura de un libro.

Figura No. 3. Elementos de la estructura interna y externa de un libro

43

📖 Estructura interna

Para comenzar a desarrollar cada uno de los elementos de la estructura interna de tu libro, a continuación te presentamos una estrategia que te conducirá a tener una idea más clara de los elementos que llevará tu libro. Esta técnica te permitirá dar ese paso de la idea al libro.

Técnica de las notas adhesivas

Comienza a generar la estructura del libro, considerando los elementos generales que debes incluir en su diseño.

Para aplicarla necesitarás papel bond en pliegos y notas adhesivas, mejor conocidas como Post-it.

Es importante considerar que los pliegos se deben doblar de tal forma que el número total de cuadros sea en múltiplos de 8. Lo anterior es debido a que las Editoriales o las plataformas de autopublicación que tienen la modalidad de libro impreso, trabajan con pliegos de papel en múltiplos de 8.

Es una actividad necesaria en la etapa de planeación del libro, puesto que también se realiza con la finalidad de evitar la presencia de páginas en blanco al momento de imprimir. Es así que tendremos una idea clara de cómo se presentará el libro al momento de enviarlo a impresión.

Otra recomendación importante es que el tamaño de los capítulos sean lo más homogéneos posible en relación con la extensión o número de páginas, a fin de tener una estructura equitativa y balanceada. Al final, te permitirá analizar si es necesario agregar un elemento más para completar el capítulo, o bien buscar que las secciones de inicio de capítulo queden en una página que aparezca de lado derecho, obteniendo así la estructura deseada.

Considera los siguientes pasos para tener la estructura de tu libro.

■ Dobla el pliego de papel seis veces, hasta que al extenderlo te queden 64 cuadros pequeños.

■ En las notas adhesivas escribe los componentes de la estructura del libro, considerando que la extensión de los capítulos, así como el número de subtemas a desarrollar, dependerá de las características de tu libro.

Considera los elementos que se presentan en la siguiente figura.

Portada	Página legal	Dedicatoria (opcional)	Índice
Prólogo (opcional)	Introducción	Portadilla de capítulo (opcional)	Capítulo 1
Capítulo 1 Subtema 1	Capítulo 1 Subtema 2	Capítulo 1 Subtema 3	Capítulo 1 Subtema 3
Anexos	Apéndices	Bibliografía	Contraportada

Figura No. 4. Elementos de la estructura de un libro

■ Puedes utilizar notas adhesivas de distintos colores. Esto te permitirá diferenciar por color cada elemento, sobre todo en el desarrollo de cada capítulo.

■ En el primer cuadro coloca una nota adhesiva que indique que ahí va a ir la portada.

■ En el segundo cuadro coloca la nota que corresponde a la página legal.

Este elemento es de suma importancia porque contiene los derechos de autor, leyendas donde se especifica que el contenido del libro está protegido y no se autoriza su reproducción total o parcial; aparece el nombre del autor, la fecha de publicación, es decir, información relativa a los derechos de autor.

■ En el tercer cuadro puedes considerar una dedicatoria, lo cual es totalmente opcional.

■ El siguiente elemento es el índice general del libro. Se recomienda que el índice sea máximo de dos páginas.

■ Enseguida aparecerá el prólogo, aunque es también opcional, porque solo se elabora cuando una persona experta o especialista en el tema que aborda tu libro, hace una presentación especial en la que destaca la importancia que tiene la obra y la experiencia del autor o los coautores en relación con ese tema.

■ Introducción o presentación del libro. Es escrita por el autor, en ella exponen las razones para escribirlo y describe el contenido de la obra. Se sugiere que sean máximo dos páginas.

■ Los siguientes cuadros, se emplearán para colocar las notas adhesivas según el número de capítulos. Es opcional incluir una portadilla por capítulo, en ella se coloca el nombre del capítulo, puede incluir una imagen, un mapa mental o conceptual.

Se colocarán las notas que contendrán el desarrollo del capítulo 1. Es importante que determines la extensión de cada capítulo, considerando un tamaño homogéneo para cada capítulo.

Por ejemplo, si el capítulo 1 va a estar integrado por 20 páginas, se recomienda que el resto de los capítulos tengan una estructura similar, pueden ser entre dos o cuatro páginas más o menos. Lo importante es evitar que se tenga un capítulo de 50 páginas y uno de 10, o uno de 40 y otro de 15; a ello nos referimos al mencionar que debe tener una distribución equitativa.

Figura No 5. Técnica de notas adhesivas

■ En cada capítulo, de acuerdo al índice de tu libro, escribe en las notas adhesivas el nombre de cada subtema a desarrollar. Por ejemplo, si el subtema 1 tendrá una extensión de dos páginas, entonces escribe: capítulo 1, subtema 1. En la siguiente nota: capítulo 1, subtema 1, continuación.

Esta técnica te permitirá hacer las adecuaciones necesarias al momento de comenzar a escribir tu libro, porque ofrece la flexibilidad necesaria para cambiar temas o subtemas, incrementar o disminuir el número de páginas por capítulos, lo que te permitirá tener una idea más clara de cómo va a quedar tu libro, una vez que se imprima.

■ Después del desarrollo por capítulos, coloca una nota referente a las fuentes de consulta o bibliografía.

■ Anexos o apéndices, en caso de haberlos considerado en el índice.

Los anexos se vinculan directamente con alguno de los temas desarrollados en el libro, sin embargo, por la extensión de los mismos, es recomendable enviarlos al final del libro.

Los apéndices, a diferencia de los anexos, manejan información complementaria que no está directamente vinculada con el tema.

■ Para finalizar, coloca la nota correspondiente a la contraportada. Debe contener la descripción de la obra, la BIO del autor y el registro ISBN. Estos elementos se desarrollarán con detalle en los siguientes capítulos.

Analiza y permite que surja nuevamente tu creatividad:

- Visualiza la estructura de tu libro a través de la técnica de las notas adhesivas o *post-it*.

- Sumérgete en tu capacidad creativa y observa qué más le falta a la estructura.

- Pregúntate si necesitará gráficas, esquemas, mapas mentales, entre otros.
- Revisa si los capítulos son suficientes. Agrega o reduce en caso necesario.
- Analiza si tu obra está muy limitada, observa si te faltan temas, investigación o fuentes de consulta.
- Realiza todas las adecuaciones necesarias, hasta estar convencido de su estructura.

Estructura externa

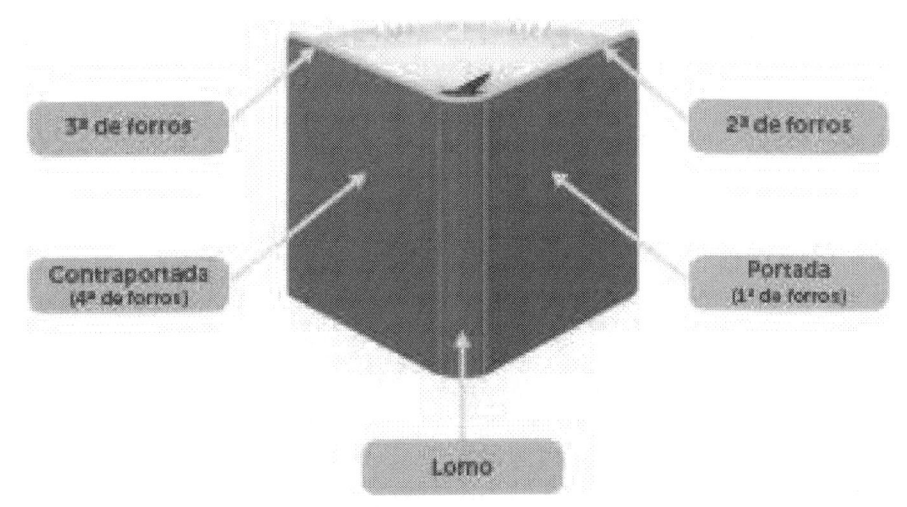

Figura No. 6. Elementos de la estructura externa del libro

Portada (primera de forros)

Es de suma importancia generar una portada atractiva, puesto que tiene como principal propósito captar la atención del lector. La portada es la carta de presentación del libro, por lo que se sugiere considerar los siguientes elementos en su diseño.

Título

El título expresa la temática fundamental y debe inducir al lector a leer tu libro, por lo que debe ser fácil de memorizar y pronunciar.

Se debe escribir en mayúsculas, en negritas y con un tamaño de letra grande. Debe ser corto, preferentemente un máximo de ocho palabras.

■ Características de un buen título para libros de ficción: Debe atrapar la atención del lector, donde se puedan evocar imágenes, pensamientos o emociones. Todo ello dependerá de la categoría a que pertenezca tu libro.

■ Características de un buen título de no ficción: Debe transmitir en forma clara y sencilla la temática que aborda el libro, buscando resolver un problema concreto u ofrecer una promesa atractiva para el lector.

Para lograr escribir un título que capte la atención del lector, busca una frase que te distinga de tu competencia. Además, debes utilizar un conjunto de palabras clave que serán determinantes para que un lector encuentre tu libro, a partir de las preferencias de búsqueda.

¿Qué palabras utilizar?

Libros de ficción: palabras relacionadas con el género (romántico, misterio, ciencia ficción, poesía, etc.), los escenarios, los lugares, la época, la trama principal de la historia, entre otras.

Libros de no ficción: palabras vinculadas con la temática principal, plantear beneficios que ofrece el libro, o bien, aspectos relacionados con los resultados que tendrá el lector al aplicar un conjunto de técnicas, herramientas o métodos que aporte la obra.

Afortunadamente, existen herramientas que te pueden ayudar a identificar esas palabras claves, en función de lo que la gente busca en internet. Al utilizarlas, podrás elegir las mejores palabras para el título y subtítulo de tu libro.

Herramientas para buscar palabras clave:

1. Buscador de Amazon (.com y .mx)

En el buscador de Amazon.com y .mx, escribe títulos de libros con una temática similar al tuyo. Amazon te proporciona el listado de libros relacionados con lo que deseas escribir. Lo anterior te ayudará a definir la competencia de tu libro y determinar la necesidad de usar un título que no sea similar a los que existen.

Después de haber realizado esta búsqueda, tanto en título como en subtítulo, haz una lista de 5 a 10 palabras clave. Esto te será muy útil, puesto que al subir tu libro a la plataforma de Amazon, te pedirá que las registres.

Figura No. 7. Buscador de Amazon
Fuente: https://www.amazon.com.
Amazon.com.Inc. o afiliados. Todos los derechos reservados

2. Google Trends

Muestra las tendencias de las palabras clave, según lo que buscan los usuarios de internet. Se pueden colocar un máximo de 5 palabras y aparece una gráfica que permite visualizar las tendencias en un periodo de tiempo determinado.

Aparece también un mapa donde se puede ubicar en qué países del mundo se buscan más esas palabras.

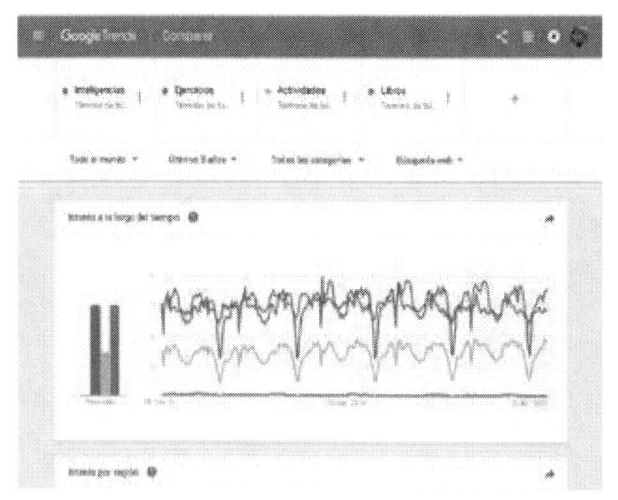

Figura No. 8. Google Trends
Fuente: https://trends.google.com.mx/trends/
Todos los derechos reservados

Utilizando las palabras clave que identificaste en la herramienta anterior, realiza las distintas combinaciones, a fin de que puedas priorizar cuáles irán en el título y cuáles en el subtítulo.

Las palabras clave deben estar en el título y subtítulo, así como también en la descripción del libro. Se sugiere emplear una o dos en el título, en el subtítulo tres y en la descripción cinco palabras claves.

Cuando los lectores hacen una búsqueda en Google, las opciones que aparecen dependerán de las palabras clave. También en la cuarta de forros se debe considerar el uso de las palabras clave en la redacción de la descripción de tu libro.

Subtítulo

Se escribe con letra más pequeña y empleando mayúsculas y minúsculas. Por ser complementario del título, puede ser más extenso, aunque se recomienda un máximo de 20 palabras.

El subtítulo es descriptivo del propósito o de la temática central que aborda el libro, otorgando al lector una idea que le permita intuir sobre qué se habla en la obra.

Es muy importante que en el subtítulo se incluyan palabras clave, que permitan al lector identificarlo fácilmente al realizar una búsqueda por temática central.

Balazos

Son frases cortas o palabras, que describen lo que vas a encontrar en el libro.

Imagen

La imagen, es el segundo elemento de importancia, porque va a captar la atención del lector, debe buscarse que tenga un vínculo directo con el contenido y propósito del libro.

También existen algunas aplicaciones que nos ayudan a descargar imágenes y adecuarlas de acuerdo a nuestras necesidades y diseñar nuestra propia portada.

Para diseñar tu portada tienes dos alternativas: contrata a un especialista en diseño editorial o crea tu propia portada.

En la forma tradicional de publicar, las Editoriales cuentan con un equipo de diseñadores e ilustradores, quienes realizan y costean el diseño de la portada. En las nuevas alternativas que surgen ante los procesos de auto publicación, el diseño puede realizarlo el mismo escritor, reduciendo costos en la edición.

Figura No. 9. Ejemplo de portada

Segunda de forros

Es la parte posterior a la portada y se utiliza para colocar la biografía del autor o aspectos importantes relacionados con su obra. Es opcional, puesto que esta información también suele aparecer en la contraportada.

Tercera de forros

Aparece en el anverso de la contraportada, normalmente se utiliza para hacer promoción de otros títulos del autor. Sin embargo, su presencia es opcional, puesto que no todos los libros la presentan con información.

Contraportada o cuarta de forros

Es de suma importancia que su diseño sea atractivo para el lector, puesto que es la segunda carta de presentación, además de la portada.

Contiene la descripción del libro, datos biográficos del autor y el código de barras del ISBN.

Descripción de tu libro

Con la descripción vamos a tratar de llamar la atención de nuestro lector, a fin de presentarle de una forma novedosa lo que ofrecemos con el libro y de esa manera, al leer la descripción se genere la necesidad de adquirirlo.

Es necesaria para la cuarta de forros o contraportada, que además será la descripción que subirás a la plataforma de Amazon. Es una sinopsis que te puede servir para hacer un tríptico o un flyer o volante, para integrar un blog con las características del libro que invita a las personas a la lectura.

¿Cómo redactar una descripción?

- Las 3 o 4 primeras líneas son las más importantes.

- Debe contener las ventajas competitivas de nuestro libro, qué distingue al libro de otros de su categoría y que le otorgan un valor agregado.

- Debe responder a la pregunta: ¿Por qué podría comprar tu libro?, ¿Por qué debo leer tu libro?

- Incluye palabras clave en la descripción, a fin de que los buscadores direccionen a tu libro cuando los usuarios hagan su búsqueda en la web o en las plataformas donde se venden libros por internet.

- Usar algún eslogan fácil de pronunciar y memorizar.

- Revisa las descripciones de tu competencia, a fin de que puedas identificar las ventajas competitivas de tu libro.

- Puedes incluir una mini biografía del autor, a fin de que los lectores te conozcan, identificando solamente aspectos relevantes para ellos.

Figura No. 10. Ejemplo de contraportada

Forro, camisa o sobrecubierta y solapas o aletas.

Es una cubierta que se coloca para proteger el libro, se emplea principalmente en pasta dura. Al interior, aparecen las solapas o aletas, vistas como la prolongación lateral de del forro del libro, dobladas hacia la parte interna. Se emplean también para colocar los datos de la segunda y tercera de forros, aunque su presencia es totalmente opcional.

Lomo o espina

Corresponde a la parte que une las cubiertas del libro, donde se adhieren las hojas. Su grosor dependerá del número de páginas que contenga. Se colocan el nombre del autor, el título de la obra y el sello editorial (Nombre y/o logotipo). En caso de la colección o serie, se coloca el número de volumen o tomo. Se escriben los datos en forma vertical.

Recomendaciones para el diseño de portada, contraportada y lomo.

Entre más creativa sea la portada, mayor impacto en el lector tendrá. Por ello debes dejar espacio para la creatividad.

En caso de que solicites los servicios de un diseñador, debes hacerle saber si tu libro será publicado en formato electrónico o impreso.

En Amazon existen dos alternativas para publicar un eBook o libro de tapa blanda, a través de Kindle Direct Publishing.

Otra recomendación es considerar una sola imagen, pero profesional; si se consideran muchas imágenes en una portada, en el lenguaje editorial se dice que es un diseño abigarrado o saturado.

Otra opción es que el escritor solicite a Amazon una propuesta de portada. Es un servicio gratuito que tiene la plataforma de autopublicación.

En el diseño actual, destaca más el título que la imagen en sí misma, la portada tiene que vender. Debe haber coherencia entre la imagen de la portada y el título.

Por eso, preferentemente, debes enviar ejemplos al diseñador de portadas que sean de tu interés o preferencia. Otro elemento importante es la revisión de la tipografía que se empleará en la portada.

El género al que pertenece el libro también determina el tipo de portada. Te recomendamos buscar portadas de los libros más vendidos según el género. En caso de una serie, se tiene que seguir un patrón similar en el diseño.

Cuando se sube a Amazon la portada, contraportada y lomo, se debe hacer en formato jpg. Estos detalles se analizarán en el capítulo que aborda el proceso de autopublicación.

La contraportada o cuarta de forros, incluye el código de barras correspondiente al ISBN, el cual se describirá en los capítulos siguientes.

Algunos libros incluyen también un código QR (Quick Response Code) o código de respuesta rápida. El cual se escanea o lee con un dispositivo móvil que tenga una aplicación o lector de estos códigos.

Entre las ventajas del uso de este código, se encuentran las siguientes:

■ Dirige al lector a un promocional o descripción adicional del libro.

■ Enlaza al lector a videos elaborados por el autor o bien a videos relacionados con el contenido.

■ Puede vincularse con la página web o blog del autor.

■ Se ofrece información relacionada con promociones, descuentos o eventos especiales.

📖 Géneros y categorías

Una vez que tienes claridad en la estructura interna y externa de tu libro, es necesario determinar el género y categoría a que pertenece tu obra. Además, es importante que consideres que existen tres oportunidades para publicar tu libro, como señala David Trottier (2005):

■ Publicación comercial. Es todo lo que escribes para un negocio o institución. En este sector no hay demasiada competencia y es fácil de realizar.

■ Publicación tradicional. Normalmente incluye la novela, historias, textos educativos y técnicos. Corresponde a la publicación con Editoriales convencionales.

■ Publicación emprendedora. Incluye la autopublicación y la autopromoción. Requiere una actitud decisiva, autoconfianza y habilidad para enfrentar retos por ti mismo. En esta oportunidad el autor promueve su obra, a través de un plan de marketing y participa en todo el proceso.

A continuación, te presentamos los diferentes géneros y categorías de libros. Ubica a qué tipo y género pertenece tu obra.

Género narrativo

Es el género mayormente empleado en la redacción de una obra literaria, en función de que se relatan una serie de acontecimientos o situaciones, normalmente en forma cronológica y con una intención previamente definida.

La narración tiene como elementos principales la acción, unidad e interés. La acción debe presentarse en orden cronológico, buscando frases que capten la atención del lector y despierten su interés por la lectura. Unidad entre personajes y hechos, desde el planteamiento del problema, el desarrollo y clímax. Por último, el interés que depende de las cualidades narrativas del escritor. (Jiménez, 1991).

Incluye a la novela, cuento, narración histórica y biografía.

Género descriptivo

Su función es dibujar con palabras características de personas, objetos o lugares, señalando atributos o funciones según sea el caso. La descripción debe seguir una estructura, como señala Elia A. Paredes (1999) hay una fase introductoria, donde se presenta el objeto de la descripción, posteriormente se presenta la etapa de desarrollo, donde se especifican las características relacionadas con forma, color, tamaño, entre otras. Finalmente se describen las funciones, es decir, la utilidad o efectos que produce.

Incluye textos basados en la descripción, inventarios, guías turísticas, etc.

Explicativo

Emplea como recursos la descripción y la narración, pero tiene como propósito presentar los resultados y fundamentos de una investigación, a fin de divulgar conocimiento técnico o científico en cualquier disciplina.

Considera el discurso científico, informe de investigación, Tesis, entre otros.

Argumentativo

Argumentar consiste en presentar una serie de razones que permitan validar una idea o propuesta. Es utilizada con mayor frecuencia en textos científicos, filosóficos, políticos o en estudios de carácter social. Paredes (1999) plantea la siguiente estructura en la argumentación:

- Introducción. Incluye el exordio que prepara al lector a fin de interesarlo en la lectura y la presentación de un problema.

- Desarrollo. Se presenta la idea o tesis principal a defender, así como el conjunto de razones que otorgan validez a la tesis. También, se incluye una refutación que corresponde a los argumentos que contradicen la tesis; teniendo como función elaborar una síntesis que refuerce la idea central.

▪ Cierre o final. Comúnmente conocida como conclusión o epílogo, donde se conduce al lector a la comprensión de la propuesta del autor.

Considera el ensayo, informe, discurso, entre otros.

Conversacional

Entrevista, diálogo y debate.

Retórico o poético

Poema, canción, máxima y proverbio.

Categorías en Amazon

Es importante identificar las categorías y subcategorías que maneja Amazon, tanto para libros de ficción como no ficción. Es preciso seleccionarlas antes su subir el libro a las plataformas de autopublicación. En la siguiente tabla, encontrarás solamente

Ficción	No Ficción
Literatura y Ficción • Acción y aventura • Cómics y novela gráfica • Clásicos de Ficción • Crítica y Teoría literarias • Cuentos • Ficción contemporánea • Ficción histórica • Ficción infantil y juvenil • Horror • Humor • Poesía • Teatro	Educación y referencia • Almanaques y Anuarios • Atlas y Mapas • Educación • Enciclopedias • Educación Universitaria • Educación y libros de texto • Estudio de Lenguas Extranjeras • Guías Escritura, Investigación y Publicaciones • Palabras, Lengua y Gramática
Romance • Colecciones y antologías • Contemporáneo • Fantasía • Misterio y suspenso • Romance histórico • Viajes por el tiempo • Novela romántica	Profesional y técnico • Ingeniería • Leyes • Medicina • Finanzas • Administración

Ficción	No Ficción
Ciencia Ficción y Fantasía • Ciencia Ficción • Fantasía	Ciencia • Ciencias políticas • Ciencias sociales • Ciencias naturales • Filosofía • Historia • Informática • Negocios y economía • Ciencias de la salud

Tabla No. 1. Categorías y subcategorías para libros de ficción y no ficción

algunas de las categorías, debido a la extensión y diversidad, es importante analices todas las categorías posibles, antes de clasificar tu libro.

Tipo de encuadernación	Tamaño en pulgadas	Tamaño en centímetros
Libro en rústica (tapa blanda) con encuadernación americana	5x8	12.7x20.32
	5.06x7.81	12.85x19.84
	5.25x8	13.34x20.32
	5.5x8.5	13.97x21.59
	6x9	15.24x22.86
	6.14x9.21	15.6x23.39
	6.69x9.61	16.99x24.4
	7x10	17.78x25.4
	7.44x9.69	18.9x24.61
	7.5x9.25	19.05x23.5
	8x10	20.32x25.4
	8.25x6	20.96x15.24
	8.25x8.25	20.96x20.96
	8.5x8.5	21.59x21.59
	8.5x11	21.59x27.94
	8.27x11.69	21x29.7

Tabla No. 2. Tipo de encuadernación y tamaño de los libros. Presenta algunos de los tamaños y medidas para la impresión de libros de tapa blanda más comunes en la autopublicación.

📖 Define el tamaño de tu libro

En función del género y categoría de tu libro, deberás definir cuál es el tamaño más apropiado. A continuación, te presentamos los tamaños y medidas más comunes en la autopublicación.

Existe una categoría que se distingue del resto: los libros ilustrados (picture books) para niños.

Estos libros tienen características particulares, en función del público a quien se dirigen y los elementos que lo componen. Por ejemplo, un libro que tiene partes que se abren debe estar impreso en cartón duro, con un engargolado ancho y entra en la categoría de libros de juguete o niños maternales. Normalmente son laminados para que resistan el uso que le dan los niños.

Figura No.11 Libros ilustrados para niños

Ilustraciones

Un elemento de suma importancia en los libros para niños son las ilustraciones. Existe un público lector muy amplio entre 1 a 10 años. Principalmente este tipo de libros se dirige a una población entre 1 y 7 años.

Una ilustración puede estimular el interés y la imaginación, sobre todo para los niños que no saben leer, con necesidades especiales o problemas de aprendizaje, ya que estas refuerzan los sentidos, y si existe una buena ilustración, puede introducir nuevos contextos al contenido del libro.

Es muy importante que los escritores e ilustradores conozcan y dialoguen sobre las necesidades del libro, donde el escritor especifique los detalles con precisión, pero a la vez dejando al ilustrador cierta libertad para su inspiración. El trabajo del ilustrador es asegurar la calidad de los libros.

Los padres de familia buscan libros para sus hijos relacionados con personajes populares, leyendas, fábulas, aspectos educativos, entre otros. Los maestros en el nivel preescolar y los primeros años de educación primaria, emplean con frecuencia los libros ilustrados (picture books), como recurso didáctico, donde las historias sean leídas en voz alta ante el grupo y en silencio. Se busca que las ilustraciones enganchen a los niños y favorezcan una estimulación visual.

Los niños deben poder involucrase tanto con las imágenes como con el texto, incluyendo los menos complicados, que son de juguete, deben poder manipularlos, mover sus partes, alzar sus pestañas y disfrutarlos.

2.2. De la estructura a la escritura

El proceso de escritura

Hasta este momento, has logrado estructurar la idea general de tu libro, por lo que la siguiente fase es comenzar a escribir. La escritura es producto de la capacidad humana para transmitir y expresar ideas, por lo que debe reunir algunas características como claridad, precisión y sencillez.

En un primer momento, deberás escribir todas las ideas que surjan. Para hacerlo, es fundamental que siempre lleves contigo una libreta pequeña o bien emplees un block de notas en tus dispositivos móviles, a fin de que en todo momento, cuando tengas la oportunidad de hacerlo, escribas las ideas sin importar formato y estilo.

El proceso de escritura de tu libro, de acuerdo con Carol Frank (2003), deberá transitar por seis etapas: pre-escritura, borrador, revisión, edición, evaluación y publicación.

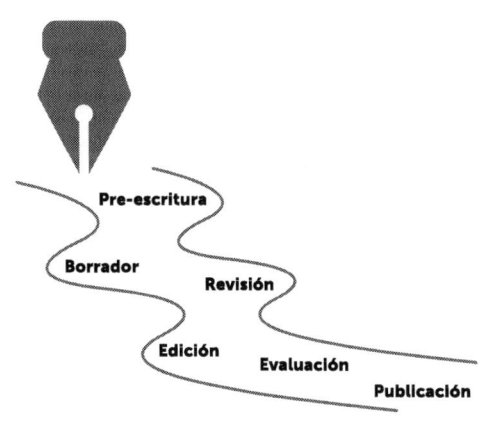

Figura No. 12. Etapas de la escritura

■ Pre-escritura: Es una etapa de generación de ideas creativas. Comienza con una lluvia de ideas, donde se van plasmando ideas generales sobre lo que se escribirá, considerando el índice previamente definido.

En esta etapa de planeación del libro, la redacción no se somete a ningún tipo de revisión ortográfica o de estilo.

■ Borrador: Consiste en escribir tus ideas rápidamente en papel o empleando block de notas en cualquier dispositivo móvil. Es el primer esbozo del contenido de tu libro, por lo que seguramente tendrá varias versiones, antes de llegar al manuscrito definitivo.

También consiste en establecer parámetros del proyecto, es decir: número de temas y subtemas, capítulos y número de páginas.

■ Revisión: Se realiza un análisis general del contenido del manuscrito, en cuanto a forma, organización y estructura.

■ Edición: Se efectúa un proceso de revisión detallada en relación con: ortografía, gramática y corrección de estilo.

■ Evaluación: Es una etapa de análisis crítico, que permite reflexionar sobre lo que se ha escrito. Es conveniente compartir el manuscrito a través de círculos de escritores o colegas, a fin de obtener los comentarios y sugerencias necesarios para generar la versión final del manuscrito.

■ Publicación: Es la etapa final del proceso de escritura, que consiste en elegir el medio a través del cual se realizará la publicación de tu obra. En esta fase, es necesario tener el diseño de portada, lomo y contraportada, incluyendo una breve reseña o descripción.

Recomendaciones generales al momento de escribir tu obra.

Tanto el autor, editor y revisor de estilo, tienen que analizar con detalle la redacción y estilo en el texto. Esta revisión implica verificar que no exista redundancia en las ideas o frases, afinar palabras e incluso reducirlas si es necesario. Lo anterior, con la finalidad de otorgarle claridad, unidad, coherencia de orden lógico y gramatical, lógica de tiempo y espacio al texto. También es de suma importancia cuidar aspectos ortográficos en la escritura y el uso correcto de signos de puntuación.

Respecto a la presentación formal de la obra, veremos en la sección de redacción de libros de no ficción, las recomendaciones que ha realizado la Academia Americana de Psicología, en el reconocido Manual APA, a fin de estandarizar las características en la presentación del texto, figuras, tablas, gráficos y el uso de citas o referencias en el documento.

Existen algunas sugerencias que puedes considerar al momento de escribir, de tal forma que se conviertan en fuentes de inspiración o te permitan generar ideas clave para tu libro.

A continuación presentaremos algunas orientaciones que te facilitarán el proceso de escritura de tu libro. Se divide en dos secciones: la primera aborda recomendaciones para libros de la categoría de ficción y la segunda parte, considera aspectos importantes para la redacción de libros de no ficción.

📖 Escritura de libros de ficción

Recomendaciones para escribir una historia o libro de ficción.

Los manuscritos de escritores de ficción deben buscar una armonía entre la narración y la descripción. Se requiere una redacción que privilegie el diálogo, pero al mismo tiempo la acción.

La historia debe ser dinámica, de tal forma que logre mantener el interés del niño, joven o público lector. Normalmente, los niños se centran más en lo que hacen o dicen los personajes.

Una técnica que plantea Shepard (2000), consiste en preguntarse: ¿Cómo funciona esto en el escenario? Es decir, pensar e imaginar cómo sería esa escena, diálogo o situación, si se trasladara a una obra teatral.

Para ello es recomendable, tomar un cuento corto o libro ilustrado para niños y adaptarlo a un guión teatral. Incluyendo un narrador y los diálogos para cada uno de los personajes.

La participación de un narrador debe ser lo más breve posible. Su función principal es sólo decir lo que los personajes no pueden explicar.

Imagina un escenario, los personajes y cómo se moverían dentro de éste. Cuestiona si las acciones tienen sentido, si las descripciones te conducen a explicar las características físicas o de contexto, lo más claro posible. La función principal de la descripción es precisamente poder dibujar con palabras un objeto, personaje o escenario.

Otra modalidad de los libros de ficción es el libro ilustrado, donde se brinda mayor valor a la imagen y se limitan las palabras. Esto significa que la imagen debe ser representativa de lo que el autor desea transmitir, siendo innecesario detallar con palabras su sentido. Implica un juego imaginario, porque la historia misma tiene ese compromiso: desarrollar la imaginación del lector.

Para lograrlo, se deben convertir las imágenes en acción, donde cada una represente una escena en movimiento. Es como si se lograra crear la sensación de que el telón abre y cierra al dar vuelta a cada página.

A diferencia de una novela, en el libro ilustrado, las descripciones de paisajes, personajes y acciones pueden ser extremadamente simples; menos palabras y mayor imagen, logran desarrollar la imaginación de un lector.

En el libro ilustrado, el narrador se vuelve invisible; esto se logra cuando las imágenes sustituyen su función, de tal forma que logran envolver al lector de la historia.

Por último, tal como menciona Shepard (2000), es importante considerar que los libros de ficción deben evitar caer en los siguientes errores:

■ Obscuridad y ambigüedad. El texto debe ser muy claro y disminuir la posibilidad de que los lectores tengan que elegir entre dos interpretaciones distintas. La narración debe llevar a los lectores a continuar con la lectura, sin la necesidad de detenerse y resolver las situaciones que se presentan. Se debe preferir que los significados sean simples y las situaciones obvias, lo que ayudará a la comprensión y vivencia de las acciones.

■ Confusión y necesidad de retroceder en la historia. El texto es un medio lineal, por lo que se debe evitar que un lector retroceda para obtener el significado de una frase o enunciado anterior. Por ejemplo, los lectores nunca deben preguntarse quién está haciendo algo. Para lograrlo, se sugiere que los sujetos se mencionen generalmente al comienzo de las oraciones. En el caso de los diálogos, se deben indicar mediante guiones, desde la primera oración.

■ Emplear descripciones extensas. El lenguaje debe ser rítmico e ingenioso, pero al mismo tiempo simple y directo. Las descripciones demasiado largas y detalladas pueden conducir a distraer a los lectores de la historia misma, esto es porque los pasajes descriptivos largos rompen la acción. Los lectores están más atrapados cuando la acción tiene lugar en un tiempo real.

■ Intrusión del narrador. Esto sucede cuando un escritor inserta un comentario personal, juicio u opinión en una narrativa en tercera persona, o cuando se dirige al lector en una forma directa.

■ Por otra parte, las siguientes recomendaciones en redacción y estilo, podrían favorecer la transmisión del mensaje de tu historia.

Ritmo en el lenguaje

La unidad rítmica primaria del lenguaje es la oración. Los escritores de ficción para niños deben mantener frases cortas, cuidando principalmente que se repitan sonidos o palabras.

Un sonido repetido se produce cuando las palabras tienen terminaciones similares en una misma oración, por ejemplo: Luis estaba cansado, estresado y desesperado.

Como regla general, borra las palabras repetitivas e innecesarias y emplea palabras cortas que sean fáciles de leer y entender y por tanto, ayudan al ritmo.

Tan importante como la selección de palabras es el orden en que se escriben. Es necesario, en ocasiones, escribir una oración en varias formas diferentes para encontrar la que tiene el mejor ritmo.

El párrafo es otra unidad rítmica del lenguaje. Por lo que es recomendable minimizar el número de oraciones en un párrafo. Esto se logra eliminando frases que no son esenciales o combinando oraciones que pueden ser fusionadas en una sola oración.

Como en la oración, la posición más importante en el párrafo es al final, y la segunda más importante es al principio. Las frases que contienen los pensamientos más importantes se colocan mejor en estas posiciones.

La variedad también se produce mezclando el diálogo con la narración. Para un libro ilustrado, es recomendable que el diálogo sea únicamente un tercio o la mitad del texto.

Ritmo en la estructura

La estructura de la trama genera un ritmo mayor a la historia. Esta estructura se compone de uno o más incidentes, que a su vez están constituidos por una o más escenas. Con estos elementos el interés puede ser creado por la variedad y la repetición.

Diferentes ideas de la historia requieren variadas estructuras, es decir, una trama puede consistir en uno o varios incidentes centrales. Estas acciones deben enmarcarse en un párrafo introductorio y seguirse de una conclusión. También, pueden presentarse escenas que son opuestas entre sí: la noche y el día, causa y efecto, el bien y el mal, entre otros.

En los libros ilustrados las escenas deben transmitir ritmos más intensos, donde el primer párrafo debe establecer el tiempo y la ubicación, posteriormente ir a la acción. El último párrafo debe terminar la acción y transmitir una idea de lo que ha ocurrido.

Por último, la estructura en la trama de una historia debe llevar su propio ritmo. La mayoría de las historias exitosas siguen un patrón similar: la tensión dramática comienza en un nivel bajo, luego se eleva hasta un punto culminante, llamado clímax, el cual se alcanza cerca del final de la historia. Posteriormente, se lleva la historia al nivel inicial a medida que el conflicto se resuelve.

Escribiendo tu historia

Te presentamos algunas sugerencias que te servirán como guías o directrices para escribir tu historia. Son aspectos que Aaron Shepard (2000), señala como elementos que los editores, revisores y algunos lectores buscarán en tu libro.

1. Tema

Un tema es un punto de vista o concepto que una historia transmite, por lo que debes buscar que sea significativo para el lector. El tema debe emerger de la historia y generarse empleando el diálogo y la narración.

Preferentemente busca un tema positivo, pero si deseas escribir acerca de un problema social, piensa en formas constructivas de presentar esas situaciones.

2. Trama

La trama corresponde al conflicto e involucra al personaje principal, sus relaciones con otros personajes, así como el contexto y circunstancias donde se desarrolla la historia.

El conflicto, normalmente se relaciona con un problema que el personaje principal debe resolver. Las escenas involucran acciones, donde el protagonista tiene éxito o situaciones de fracaso a través de su propio esfuerzo. El conflicto debe resultar del incremento de las tensiones dramáticas, cuyo clímax al acercarse el final se resuelve.

Existe una secuencia básica en el desarrollo de la trama: el inicio del conflicto, el éxito inicial del personaje principal, situaciones de regresión al problema y victoria final. La secuencia de éxito-regresión puede repetirse en diversas ocasiones a lo largo de la historia.

Una novela o cuento largo puede presentar severos conflictos, pero una historia corta o libro ilustrado, preferentemente debe tener solo uno.

3. Estructura de la historia

La estructura de tu historia debe ser lo más simple posible. En un libro ilustrado, busca que las acciones o escenas tengan un orden cronológico. Ubica tu historia en un lugar y tiempo que pueda ser interesante o familiar.

Al inicio, brinca directo a la acción, esto despertará el interés del lector e invitará a continuar con la lectura. Al final, trae la historia a un rápido cierre, vinculado con la etapa de mayor tensión.

Para una historia de un libro ilustrado, asegúrate que tengas suficientes escenas que te permitan introducir variedad en las ilustraciones.

En una novela o cuento, emplea una narración en primera o tercera persona. En primera persona, la historia es dicha por alguno de los personajes. Este estilo de narración es muy apropiado para jóvenes, ya que crea una sensación de intimidad e involucra al lector más directamente con el personaje principal.

En la tercera persona, el narrador hace precisiones u observaciones que conducen al lector a una comprensión de las escenas y es perfecto para cualquier edad.

4. Personajes

Es muy importante que antes de comenzar a escribir la historia, describas y conozcas ampliamente a tus personajes; incluyendo rasgos físicos y de personalidad. El personaje principal, debe tener de preferencia una edad que corresponda a los lectores a quiénes deseas dirigirte.

5. Tono y estilo

Escribe simple y directo, usa oraciones y párrafos cortos. Usa frases directas en vez de indirectas, como por ejemplo: "acércate", en lugar de "él dijo que se acercara". Emplea diálogos en la historia cuando sea posible.

Evita grandes fragmentos narrativos, especialmente cuando utilizas como recurso la descripción de contextos o personajes. Este tipo de descripciones pueden presentarse a través del diálogo, por ejemplo: "tus ojos verdes son hermosos".

Para los niños más pequeños, usa elementos poéticos como ritmo, repetición y rima, aunque generalmente no es necesario hacerlo en verso.

📖 Escritura de libros de no ficción

Recomendaciones para escribir libros de no ficción.

Para comenzar, realiza una lluvia de ideas relacionada con el tema que abordarás en tu libro. Escríbelas o utiliza un organizador gráfico (esquema, cuadro sinóptico, mapa mental o conceptual), esto te permitirá retomarlas o usarlas como referencia al momento de comenzar a escribir.

Lee libros o artículos de revista relacionados con el tema sobre el que escribirás y discute sobre ello con algunos compañeros o colegas.

Analiza las opciones de escritura relacionadas con temas que se están estudiando actualmente en los diversos ámbitos de la ciencia y la tecnología o en investigaciones y estudios sociales.

De manera general, Carol Frank (2003), plantea las siguientes actividades que te serán de utilidad para desarrollar tu libro de no ficción y te permitirán prepararte para la escritura:

- Piensa en el tema sobre el que escribirás y anota cualquier idea que surja
- Habla con un compañero o colega sobre el tema de tu libro. Compartir es una forma de enriquecer tus ideas.
- Elabora una lista de palabras e ideas, y dibuja las imágenes que te guiarán en el proceso de escritura.
- Determina un propósito para escribir.
- Decide quien será el público al que deseas escribir.
- Recopila información de diversas fuentes actuales y confiables.
- Organiza tus ideas.
- Crea un plan para el texto.

Figura No. 13. Actividades para la escritura de un libro de no ficción

Redacción del texto (Manual APA).

El proceso para la redacción de tu libro de no ficción, debe cumplir con una serie de especificaciones y características propias de todo trabajo académico, técnico, científico o producto de la investigación, que tenga como propósito la divulgación del conocimiento en cualquier campo de aplicación.

Con la finalidad de establecer una serie de normas comunes a nivel global, la "Asociación Americana de Psicología", ha creado una serie de estándares reconocidos internacionalmente, para la transmisión y difusión del conocimiento científico y académico.

En esta sección, conocerás cómo presentar citas y hacer referencia a las fuentes de consulta en tu libro de no ficción; por lo que al redactar el libro debes considerar las especificaciones del Manual APA. (American Psychological Association, 2010)

Este manual define características de formato (tipo de letra, tamaño, márgenes, espaciado entre líneas), presentación de gráficas, cuadros, figuras o imágenes y establece criterios para citar y registrar fuentes de consulta diversas.

El seguimiento de estas normas te permitirá dar mayor legitimidad y sustento a tu libro, evitando caer en el plagio, es decir copiar en forma total o parcial una obra sin el reconocimiento del derecho de autor. Para evitar el plagio se debe hacer referencia a la fuente original, otorgando el crédito que corresponde a los autores citados.

> *DATO INTERESANTE*
>
> *La Asociación Americana de Psicología, desde 1929 publica las normas contenidas en el conocido Manual APA. La versión más reciente es la Sexta Edición y es visto como una autoridad para la presentación, formato, citación y referencias que otorgan sustento a un manuscrito.*

A continuación te presentamos un extracto de la información más relevante de las normas APA, para que las apliques en la redacción de tu libro.

Características de formato

■ Tipografía: el tipo de fuente o letra recomendada es Arial o Times New Roman de 12 puntos. Se consideran tipos de letra de fácil lectura.

■ Interlineado: En el espaciado entre párrafos, se recomienda utilizar el interlineado de dos puntos o doble espacio.

■ Márgenes: se recomienda emplear 2.5 cm en cada lado (superior, inferior, derecho e izquierdo).

■ Títulos y subtítulos: A partir de la función de los títulos y sus jerarquías establecidas en el índice del libro, encontramos los siguientes niveles:

- Nivel 1, corresponde al título principal. Se coloca centrado y con negritas.
- Nivel 2, es alineado a la izquierda y con negritas. Ahí podría ser por ejemplo un subtema o subtítulo.
- Nivel 3, se refiere a un encabezado de párrafo con sangría, negrita y punto final. Los dos de arriba no llevan punto final
- Nivel 4, es un encabezado de párrafo con sangría, negrita, cursiva y punto final. Se utiliza cuando son varios subtemas de un mismo bloque.
- Nivel 5, es un encabezado de párrafo con sangría, sin negrita, con cursiva y con punto final.

Nivel del encabezado	Formato	Características
1	2.1. De la idea al libro	Centrado y con negritas
2	Estructura del libro	Alineado a la izquierda y con negritas
3	Estructura externa del libro.	Encabezado de párrafo con sangría, negrita y punto final
4	*Portada o primera de forros.*	Sangría, negrita, cursiva y punto final.
5	*Herramientas para buscar palabras clave.*	Encabezado de párrafo con sangría, sin negrita, con cursiva y con punto final

Ejemplo:

Tablas y figuras.

En caso de incluir tablas en tu libro, deberás numerarlas en forma consecutiva y colocar un título que describa brevemente y en forma clara la información presentada.

Respecto a las figuras, también se enumeran y se coloca abajo la descripción o nota que describe su contenido.

Citas y referencias

Siempre que consultemos una fuente para referir un concepto, planteamiento o información vinculada con el tema del libro, es necesario dar crédito a los autores de ese contenido.

¿Cuáles son las opciones que existen para presentar citas?

Encontramos que son dos las formas de presentar citas dentro de un libro: textual y parafraseada.

■ Cita textual

Es un extracto de la fuente original, donde se retoman con exactitud y se transcriben las palabras o ideas de un autor.

Encontramos a su vez dos modalidades: cita breve y larga.

■ Cita textual breve. Es menor de 40 palabras y se debe colocar entre comillas.

Ejemplos:

Cita textual corta basada en el autor: Otra de las revoluciones que ha enfrentado la industria editorial, se presenta a partir de la incorporación y uso de la computadora para facilitar los procesos editoriales. Michael Korda (2009) afirma: "La computadora trajo consigo una ya esperada revolución en la forma de procesar los manuscritos" pág. 362.

Cita textual corta basada en el texto: Otra de las revoluciones que ha enfrentado la industria editorial, se presenta a partir de la incorporación y uso de la computadora para facilitar los procesos editoriales. "La computadora trajo consigo una ya esperada revolución en la forma de procesar los manuscritos" (Korda, 2009, pág. 362).

- Cita textual larga. Supera las 40 palabras y se coloca con una sangría izquierda. En esta caso no se ponen comillas.

Si se quiere omitir una palabra o frase dentro de la cita, se coloca un paréntesis y tres puntos suspensivos y se continua con la cita.

Existen dos formas de colocar la referencia o fuente que se consultó: al inicio o al final de la cita. Se le llama cita parentética, porque se coloca entre paréntesis y los datos que se registran son: nombre del autor, año, y número de página.

Ejemplos:

Cita textual larga basada en el texto: Otra de las revoluciones que ha enfrentado la industria editorial, se presenta a partir de la incorporación y uso de la computadora para facilitar los procesos editoriales. Mientras tanto, la computadora –que algunos editores consideraron como el invento que traería el fin de la palabra escrita- resultó ofrecer ventajas significativas a las Editoriales, y no sólo como herramienta de negocios. La computadora trajo consigo una ya esperada revolución en la forma de procesar los manuscritos. (Korda, 2004, pág. 362).

Cita textual larga basada en el autor: Otra de las revoluciones que ha enfrentado la industria editorial, se presenta a partir de la incorporación y uso de la computadora para facilitar los procesos editoriales. Michael Korda (2004) afirma: Mientras tanto, la computadora –que algunos editores consideraron como el invento que traería el fin de la palabra escrita- resultó ofrecer ventajas significativas a las Editoriales, y no sólo como herramienta de negocios. La computadora trajo consigo una ya esperada revolución en la forma de procesar los manuscritos. (pág. 362)

■ Cita parafraseada

En esta modalidad, se utilizan las ideas del autor citado pero con palabras propias del escritor. Puede referenciarse al inicio o al final de la cita.

- Cuando se menciona al inicio la fuente consultada, se señala el nombre del autor y el año se pone entre paréntesis.

Ejemplo:

Cita parafraseada con referencia al autor al inicio: Otra de las revoluciones que ha enfrentado la industria editorial, se presenta a partir de la incorporación y uso de la computadora para facilitar los procesos editoriales. Korda (2009), afirma que la computadora ofreció diversas ventajas significativas para las Editoriales, a pesar de que algunos editores la consideraron como un invento que traería consigo el final de la palabra escrita. Por lo contrario, la computadora se constituyó como una gran revolución en la manera como se procesan los manuscritos.

- Cuando se presenta primero el texto, al final de la cita parafraseada, se coloca entre paréntesis: apellido del autor y año. En este caso no se pone página, solamente se coloca cuando es textual.

Ejemplo:

Cita parafraseada basada en el texto: Otra de las revoluciones que ha enfrentado la industria editorial, se presenta a partir de la incorporación y uso de la computadora para facilitar los procesos editoriales. La computadora ofreció diversas ventajas significativas para las Editoriales, a pesar de que algunos editores la consideraron como un invento que traería consigo el final de la palabra escrita. Por lo contrario, la computadora se constituyó como una gran revolución en la manera como se procesan los manuscritos (Korda, 2009).

■ Reglas según el número de autores.

- Si son dos autores se van a poner los dos autores, sus apellidos separados por una "y" o en su caso el símbolo "&".

- En caso de ser 3 a 5 autores, la primera vez que se citan se deben poner todos. En las citas siguientes solamente el primero, seguido de la palabra o locución latina "et al", que significa "y otros".

- Autor corporativo, se emplea cuando la fuente citada es publicada por alguna institución u organización, por ejemplo un documento publicado por la Universidad Nacional Autónoma de México (UNAM) o por la Organización de las Naciones Unidas para la Educación, la Ciencia y la Cultura (UNESCO). Cuando se cita por primera vez, se escribe el nombre completo de la organización y al final las siglas. En los casos siguientes, es suficiente escribir solamente las siglas.

- Cuando el autor es anónimo en vez del apellido se coloca la palabra anónimo.

- Cita de otra cita, es decir, cuando tenemos acceso a una fuente de información, que fue citada por otro autor. En este caso después del nombre del autor consultado, se pone entre paréntesis la leyenda: como citó....(Autor y año).

■ ¿Cuáles son las fuentes que podemos utilizar?

Las fuentes que se pueden utilizar para fundamentar el libro que escribirás son las siguientes:

- Libros impresos y en versión electrónica.

- Publicaciones periódicas: artículos científicos de periódico o revista impresa o versión digital.

- Informes de autores corporativos o bien instituciones gubernamentales.

- Simposios y conferencias.

- Tesis y proyectos de investigación de grado.

Materiales electrónicos: páginas web, documentos de sitio web, disco compacto, enciclopedias en líneas, película o cinta cinematográfica, serie de televisión, video, podcast, blogs, grabación de música y fotografías.

■ ¿Cómo insertar las referencias en mi libro?

- En los procesadores de texto como Word, en el menú principal tenemos la opción de referencias, se debe seleccionar estilo APA sexta edición, por ser la versión que se está utilizando actualmente.

- Posteriormente, se selecciona la opción insertar cita y se debe elegir nueva fuente y el tipo de fuente: libro, sección de libro, artículo de revista o periódico, informe, sitio web, documento de sitio web, medios electrónicos, entre otros. Una vez seleccionado el tipo de fuente, se insertan los datos necesarios que aparecen en un cuadro.

■ Otras especificaciones para tu libro a partir del Manual APA

- Es importante considerar al momento de la redacción de tu libro, una serie de recomendaciones relacionadas con la continuidad en la presentación de ideas, precisión y claridad, concordancia gramatical, ortografía y puntuación

- Es necesario evitar el autoplagio, éste se puede presentar cuando no reconocemos nuestras propias aportaciones si es que ya las hemos publicado, por lo que debemos tenemos que hacer referencia a nuestras propias publicaciones.

- Queda bajo la responsabilidad del autor hacer referencia de las fuentes consultadas, de esa manera evitamos cualquier situación de carácter legal relacionada con el plagio.

- Al utilizar notas aclaratorias o que buscan remitir al lector a la consulta de alguna fuente, se envían al pie de la página, numerándolas en forma consecutiva.

- Hay documentos en internet que tienen un código que se llama "DOI" (Digital Object Identifier), es un número de identificación o registro que se emplea en publicaciones electrónicas, por ejemplo una revista o libro que esté disponible en internet. Las ventajas de emplearlo es que facilita el acceso en la red, identifica el documento y garantiza la propiedad intelectual del recurso electrónico.

Autoevaluación

Valora en una escala del 1 al 10 el avance en cada una de las siguientes etapas del desarrollo de tu libro. Donde 1 corresponde a no realizado y 10 representa que has concluido.

Identifiqué los elementos de la estructura interna y externa de un libro.	1 2 3 4 5 6 7 8 9 10
Apliqué la técnica de las notas adhesivas para determinar la estructura de mi libro	1 2 3 4 5 6 7 8 9 10
Utilicé herramientas para buscar palabras clave de mi libro.	1 2 3 4 5 6 7 8 9 10
Logré tener claridad de los criterios necesarios para redactar la descripción de mi libro.	1 2 3 4 5 6 7 8 9 10
Identifiqué las recomendaciones para el diseño de portada, lomo y contraportada de mi libro	1 2 3 4 5 6 7 8 9 10
Logré identificar el género y categoría al que pertenece mi libro.	1 2 3 4 5 6 7 8 9 10
Seleccioné el tamaño y tipo de encuadernación para mi libro (Solo en caso de libro impreso).	1 2 3 4 5 6 7 8 9 10
Logré identificar las etapas a seguir durante el proceso de escritura de mi libro.	1 2 3 4 5 6 7 8 9 10
Comprendí las recomendaciones para escribir un libro de ficción	1 2 3 4 5 6 7 8 9 10
Comprendí las recomendaciones para escribir un libro de no ficción	1 2 3 4 5 6 7 8 9 10

CAPÍTULO TERCERO:
ASPECTOS LEGALES Y REGALÍAS

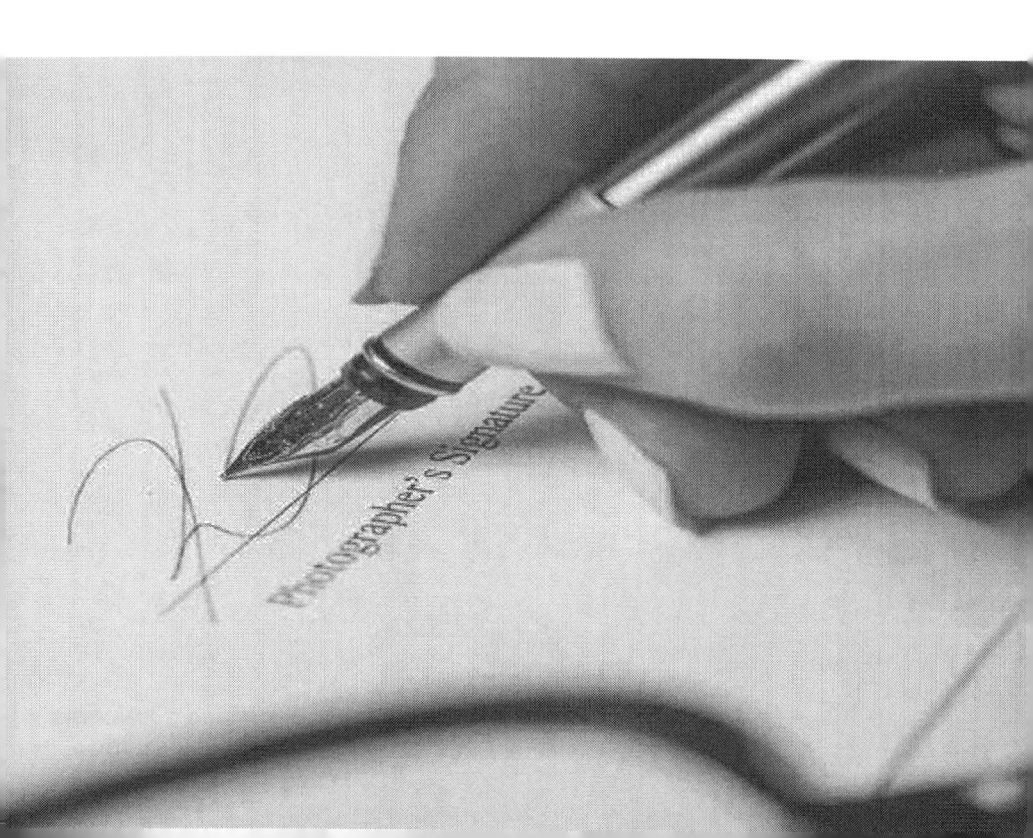

3.1. Derechos de autor
- 📖 Derechos morales.
- 📖 Derechos patrimoniales.
- 📖 Obtención del ISBN
- 📖 Registro del libro

3.2. Contrato y regalías
- 📖 Elementos del contrato.
- 📖 Negociando tu primer contrato
- 📖 Regalías

3.1. Derechos de autor

En todos los países existe una normatividad que protege los derechos de autor, relacionados con aspectos morales y patrimoniales que se adquieren al registrar una obra de propia creación. A este proceso de creación se le reconoce como propiedad intelectual. A nivel internacional, la Organización Mundial de la Propiedad Intelectual (OMPI), la define en los siguientes términos:

La propiedad intelectual tiene que ver con las creaciones de la mente: las invenciones, las obras literarias y artísticas, los símbolos, los nombres, las imágenes y los dibujos y modelos utilizados en el comercio. (OMPI, 2017)

En el caso del derecho de autor, nos estamos refiriendo a las creaciones relacionadas con obras artísticas y literarias.

Es de suma importancia conocer las leyes que protegen al autor en sus creaciones, porque como escritores estamos generando obras que es necesario resguardar y proteger, por ser una contribución a la cultura y a la sociedad, mediante la creación de una obra artística o literaria.

Las obras de creación propia deben registrarse ante los organismos encargados de realizar este proceso. Es importante considerar que ante la diversidad de opciones para la autopublicación existentes en la actualidad, se deben registrar los derechos de autor en lo referente al libro impreso, electrónico o audio libro. Además, dentro de la obra artística la ley también contempla la protección de obras en los ámbitos de la música, la iconografía, la pintura, cinematografía, incluyendo todo tipo de publicación que se difunda por internet.

En México, existe la Ley Federal de Derechos de Autor (2016), integrada por 238 artículos y demás transitorios que se han ido incorporando en diversas reformas. Sin embargo, en este análisis, únicamente presentaremos los artículos relacionados con los aspectos mínimos que el autor debe conocer para proteger su obra, correspondientes a los artículos 1, 11, 16, 17, 18,19, 20, 24, 26 y 27.

Título 1. Disposiciones generales.

Artículo 1. Esta ley tiene por objeto la salvaguarda y promoción del acervo cultural de la Nación; protección de los derechos de los autores, de los artistas, intérpretes o ejecutantes, así como de los editores, de los productores y de los organismos de radiodifusión, en relación con sus obras literarias o artísticas en todas sus manifestaciones, así como de los otros derechos de propiedad intelectual. El objetivo de esta Ley es proteger a los autores en la creación de sus obras, por ser manifestaciones de la cultura que tienen una propiedad intelectual.

Título II. Del derecho de autor. Capítulo 1. Reglas generales.

Artículo 11.- El derecho de autor es el reconocimiento que hace el Estado en favor de todo creador de obras literarias y artísticas, en virtud del cual otorga su protección para que el autor goce de prerrogativas y privilegios exclusivos de carácter personal y patrimonial. Los primeros integran el llamado derecho moral y los segundos, el patrimonial. Es importante diferenciar entre los derechos morales y patrimoniales que se adquieren al momento de proteger una obra. En los siguientes artículos se aclararán los aspectos que contempla cada uno.

Artículo 16.- La obra podrá hacerse del conocimiento público mediante los actos que se describen a continuación:

>Divulgación
>Publicación
>Comunicación pública
>Distribución al público
>Reproducción

El derecho de autor garantiza que la obra protegida se haga pública, mediante diversos medios para realizar los procesos de divulgación, publicación impresa o electrónica, comunicación pública, la cual puede ser en forma impresa o a través de redes sociales; distribución al público, donde se diversifican las opciones y modalidades, es decir, impreso o digital, incluyendo toda forma de reproducción relacionada con las nuevas tecnologías.

Artículo 17.- Las obras protegidas por esta Ley que se publiquen, deberán ostentar la expresión "Derechos Reservados", o su abreviatura "D. R.", seguida del símbolo ©; el nombre completo y dirección del titular del derecho de autor y el año de la primera publicación.

En el proceso convencional de edición e impresión, vemos que los derechos de autor los adquiere la editorial, a través del contrato de edición establecido entre autor y editorial, por el tiempo que ahí se establezca. En la autopublicación es distinto, al aparecer los derechos de autor a nombre del escritor. Es importante señalar, que el derecho de autor también permite emplear pseudónimos para el registro de una obra. Los derechos de autor se van a dividir en dos grupos: morales y patrimoniales. En la siguiente figura, se muestran los derechos vinculados a cada segmento.

Derechos morales	Derechos patrimoniales
Derecho a la autoría	Derecho a la reproducción
Derecho de integridad	Derecho a la distribución
Derecho a la divulgación	Derecho a la comunicación
Derecho de modificación	Derecho a la remuneración

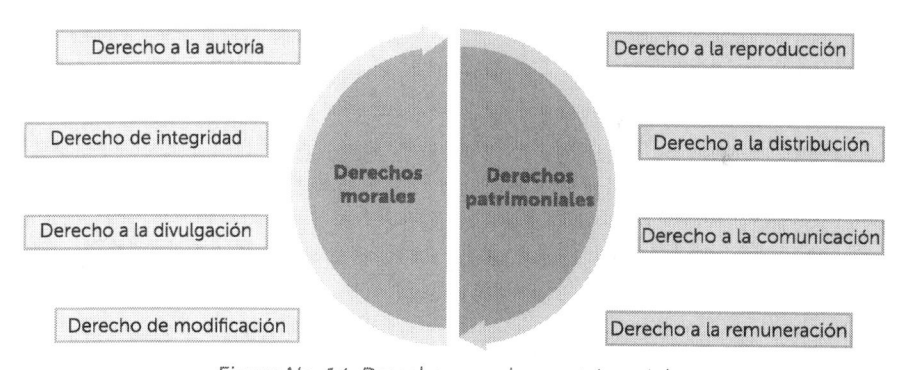

Figura No. 14. Derechos morales y patrimoniales

Los derechos morales se relacionan con la capacidad que adquiere el autor o creador para divulgar su obra. Por tanto, están vinculados con la idea de paternidad, referida al reconocimiento de propia creación, a fin de salvaguardar la obra y el respeto a la integridad del autor.

Estos derechos protegen al creador contra el plagio y brindan también la oportunidad de modificación o retirada de la obra en el momento que el autor lo decida o bien, en caso de incumplimiento del contrato; posibilitando llevar la obra al contexto que le parezca más conveniente, incluyendo todas las formas posibles de reproducción y difusión.

De ahí que el proceso de creación y escritura de un libro es muy delicado, sobre todo porque en él se plasman tus ideas y éstas se convierten en lo que se ha denominado propiedad intelectual. Tal como lo hemos mencionado con anterioridad, es preciso evitar el plagio y dar reconocimiento a los autores y sus obras, para evitar situaciones legales que impliquen una disputa por el reconocimiento de los derechos de autor.

Los derechos patrimoniales, son aquellos que protegen al autor en tanto los beneficios económicos que puede recibir por la reproducción, distribución, comunicación, publicación, colección y transformación de su obra. Estos derechos se ejercen y establecen mediante un contrato, donde se especifican todos los términos y condiciones que le van a permitir al autor recibir las regalías correspondientes.

Comúnmente, las Editoriales convencionales otorgan aproximadamente 10% de regalías, salvo algunas excepciones. Mientras que en la autopublicación, en función de las características del libro, pueden ser desde un 50% en libro electrónico; en la modalidad de libro impreso, las regalías pueden ser entre 30 a 35%, incluyendo una mayor promoción y cobertura, al llegar a un gran número de lectores de diversos países. Otra ventaja de la autopublicación es que al incrementarse el uso de las tecnologías de la información y comunicación, permite que la obra se difunda y promocione a una mayor velocidad a través de la red, funcionando las 24 horas del día, siendo posible que el libro esté disponible en cualquier momento y país. De lo anterior podemos concluir que el mejor promotor de una obra es el mismo autor.

📖 Derechos morales.

Capítulo II. De los Derechos Morales

Artículo 18.- El autor es el único, primigenio y perpetuo titular de los derechos morales sobre las obras de su creación. Es importante que el autor conozca los derechos que adquiere al crear y proteger su obra, como son el derecho a divulgar, a la autoría y a la integridad como autor. En los casos de una obra en coautoría, se estima la participación en porcentaje, de acuerdo al trabajo de cada escritor.

Artículo 19.- El derecho moral se considera unido al autor y es inalienable, imprescriptible, irrenunciable e inembargable. Es inalienable, no se puede ceder o vender; imprescriptible, no vence y no se extingue durante la vida del autor. Son derechos irrenunciables, no se pueden o deben dejar; por último, son inembargables, no se pueden retener o embargar. Es importante que el autor esté preparado, ya que en algunas circunstancias, por el desconocimiento o falta de asesoría a los autores en sus derechos, pueden quedar vulnerables. En México, es difícil encontrar escuelas para autores, solamente se les forma en cuestiones de redacción y estilo literario, se ofrecen cursos de creación literaria para la creación de novela, cuento, poesía, etc. Sin embargo, no se les prepara para conocer todas las sutilezas que existen en la creación de una obra literaria y proceso editorial.

Artículo 20.- Corresponde el ejercicio del derecho moral, al propio creador de la obra y a sus herederos. En ausencia de éstos, o bien en caso de obras del dominio público, el Estado los ejercerá siempre y cuando se trate de obras de interés para el patrimonio cultural nacional. Los derechos de autor pertenecen al creador de una obra y después de su fallecimiento, a sus herederos. Al transcurrir 100 años de la muerte del autor, la obra pasa al dominio público, convirtiéndose en patrimonio de la nación.

📖 Derechos patrimoniales.

Capítulo III. De los Derechos Patrimoniales

Artículo 24.- En virtud del derecho patrimonial, corresponde al autor el derecho de explotar de manera exclusiva sus obras, o de autorizar a otros su explotación, en cualquier forma, dentro de los límites que establece la presente Ley y sin menoscabo de la titularidad de los derechos morales a que se refiere el artículo 21 de la misma. Los derechos patrimoniales, permiten al autor la reproducción, distribución y comunicación pública de su obra, así como transformarla y adaptarla según el medio en el que se vaya a publicar.

Artículo 26 bis.- El autor y su causahabiente gozarán del derecho a percibir una regalía por la comunicación o transmisión pública de su obra por cualquier medio. El derecho del autor es irrenunciable. Esta regalía será pagada directamente por quien realice la comunicación o transmisión pública de las obras directamente al autor

Artículo 27.- Los titulares de los derechos patrimoniales podrán autorizar o prohibir:

I. La reproducción, publicación, edición o fijación material de una obra en copias o ejemplares, efectuada por cualquier medio ya sea impreso, fonográfico, gráfico, plástico, audiovisual, electrónico, fotográfico u otro similar.

También los derechos patrimoniales, otorgan la facultad al autor para autorizar o prohibir la producción por cualquier medio físico, electrónico, audio, entre otros.

Artículo 29.- Los derechos patrimoniales estarán vigentes durante:

I. La vida del autor y, a partir de su muerte, cien años más.

Cuando la obra le pertenezca a varios coautores los cien años se contarán a partir de la muerte del último.

Pasados los términos previstos en las fracciones de este artículo, la obra pasará al dominio público.

Los derechos patrimoniales tienen vigencia en vida del autor y a partir de su muerte, por cien años más. En caso de una obra en coautoría, se contarán los cien años a partir de la muerte del último autor. Una vez transcurrido ese tiempo, se convierte en una obra del dominio publico.

📖 Obtención del ISBN

¿Qué es el ISBN? En un Número Internacional Normalizado del Libro, por sus siglas en inglés: International Standard Book Number. Es un identificador internacional que se designa a una publicación o edición de forma exclusiva, donde se vinculan el título, editor, país donde se publica y las características de la edición. El ISBN tiene diversas funciones y ventajas para tí como autor, en relación con la comercialización de tu obra.

▪ Permite que el libro se conozca a nivel internacional, aumentando su potencial de ventas.

▪ La utilización del ISBN facilita que los diferentes formatos y ediciones de un libro, sea impreso o electrónico, se diferencien claramente, garantizando que el lector reciba la versión que desea.

▪ El ISBN, en su forma de código de barras, puede ser leído por máquinas, identificando de una forma eficiente y eficaz los datos del libro.

▪ Los sistemas de editores y cadenas comerciales de libros se basan en el ISBN.

> *DATO INTERESANTE*
>
> *El Centro Regional para el Fomento del Libro en América Latina y el Caribe (CERLALC), auspiciado por la UNESCO, tiene como objetivo la promoción de la lectura y escritura, fomentar la producción y circulación del libro, así como proteger la creación intelectual. Señalan que el ISBN es necesario para facilitar la comercialización de un libro, en tanto, permite que los libros "naveguen en un mar de oportunidades".*

■ La información y control de las ventas de un libro se hace mediante el ISBN. De esta forma, se puede hacer un seguimiento de las ventas en los diferentes formatos y ediciones de las publicaciones.

Estructura del ISBN en código de barras.

El ISBN está conformado por 13 dígitos y se puede representar fácilmente como un código de barras. En este formato, facilita los procesos de ventas y control, puesto que ayuda a los distribuidores y a los canales de venta en el almacenamiento y la comercialización de la publicación. Se recomienda que este código de barras aparezca en la cubierta exterior trasera o cuarta de forros del libro.

Figura No. 15. Elementos del ISBN

De acuerdo con el *Manual de lineamientos en materia de derechos de autor* (INDAUTOR, 2016), el ISBN contiene los siguientes elementos:

■ Prefijo internacional: Integrado por tres dígitos y actualmente sólo pueden ser 978 o 979.

■ Grupo de registro: indica el país, región geográfica o área lingüística que participa en el sistema ISBN; se integra por tres dígitos.

■ Prefijo de editor o agente editor: identifica al editor o sello editorial y se forma por cuatro dígitos.

■ Identificador de título o publicación: indica número de edición y formato del título. Está integrado por dos dígitos.

■ Dígito de comprobación o control: se coloca al final del código y corresponde a una validación matemática del resto del número. Se compone de un dígito.

¿Qué tipo de publicaciones deben indetificarse con un ISBN?

El Instituto Nacional de Derechos de Autor (2016), señala que un código ISBN se asigna a todo tipo de publicaciones de carácter monográfico compuestas de texto, las cuales estén destinadas a la venta o distribución gratuita y se dirijan a un público particular. Incluye libros en pasta dura o blanda, así como libros electrónicos.

¿Cómo obtener el ISBN para mi libro?

Existen alternativas para obtener el ISBN para un libro electrónico o impreso, entre las cuales podemos destacar la participación de organismos nacionales, puesto que cada país cuenta con su propia agencia nacional para la obtención del ISBN.

En México, este trámite también se realiza ante el Instituto Nacional de Derechos de Autor (INDAUTOR), a través de la Agencia Nacional de ISBN.

En el caso de los procesos de autopublicación, existen plataformas que gestionan el trámite de obtención del ISBN de forma gratuita, como en el caso de Amazon; algunas otras, ofrecen el servicio una vez que se cubra con los costos de obtención establecidos.

La ventaja es que se agiliza el proceso de publicación y obtención del ISBN, aunque se debe considerar que ese código es exclusivo para una plataforma. Esto significa que si obtienes el ISBN en forma gratuita con Amazon, éste únicamente lo podrás utilizar con esta empresa. Si deseas llevar tu libro a otros contextos, deberás tramitar un nuevo ISBN.

Hay que destacar que la asignación de un ISBN no tiene ninguna incidencia en los derechos de propiedad intelectual, puesto que sus fines son de carácter comercial, al facilitar el control de ventas de tu libro.

📖 Registro del libro

¿Cómo registrar los derechos de autor?

En México, el trámite de registro de una obra literaria, está a cargo del Instituto Nacional de Derechos de Autor (INDAUTOR). En cada país existen instrucciones que se encargan de realizar los procesos de registro de derechos de autor.

En el sitio web de este organismo (**www.indautor.gob.mx**), encontrarás información relacionada con el trámite, requisitos y formatos.

De manera general, el proceso a seguir para registrar tu obra literaria es el siguiente:

- Deberás requisitar los formatos de registro de obra. Los datos solicitados se relacionan con el nombre del autor o pseudónimo, datos generales, domicilio, el nombre de la obra y finalmente se presenta una síntesis de la obra.

- En caso de coautoría, hay un formato adicional, donde se designan los datos de los coautores, con sus respectivos porcentajes de participación.

- Se obtiene una hoja de ayuda para efectuar el pago de derechos. Es importante considerar que el costo del trámite se modifica a través de publicación en el Diario Oficial de la Federación.

- Debes presentar todos los formatos por duplicado, así como dos impresiones engargoladas de tu manuscrito.

- El trámite se puede realizar directamente en las instalaciones del INDAUTOR, o bien a través de las delegaciones regionales de la Secretaría de Educación Pública (SEP).

3.2. Contratos y regalías

En materia de derechos de autor, se denomina contrato de edición de obra literaria, en virtud de que es un acto jurídico, donde el autor transmite sus derechos patrimoniales. La Ley

Federal del Derecho de Autor (2016), define al contrato de edición para una obra literaria como:

"Aquel que ocurre cuando el autor o el titular de los derechos patrimoniales, en su caso, se obliga a entregar una obra a un editor y éste, a su vez, se obliga a reproducirla, distribuirla y venderla cubriendo al titular del derecho patrimonial las prestaciones convenidas".

En el caso de las Editoriales convencionales, normalmente el autor cede los derechos vía contrato por algunos años. En ocasiones, este proceso deja de ser un beneficio para el autor, sobre todo si se establece en el contrato, la autorización del autor para que la obra pueda reproducirse por todos los medios existentes y por existir.

Hay varias opiniones al respecto, algunos piensan que es beneficioso para el autor tener un contrato largo con una Editorial convencional; sin embargo, en ocasiones al no revisar términos y condiciones al leer el contrato, ya sea por su extensión o porque aparecen acotaciones en letras pequeñas, el autor no se percata de la existencia de riesgos al aceptar la cesión de derechos en una forma ilimitada. De ahí la importancia de que como autor, conozcas y estés muy pendiente de los aspectos legales vinculados con la producción de tu obra.

📖 Elementos del contrato.

Para analizar los elementos del contrato, haremos referencia a la Ley General de Derechos de Autor en México, debido a que están regulados a fin de garantizar el cumplimiento de los derechos patrimoniales del autor.

Título III. De la transmisión de los Derechos Patrimoniales.

Capítulo II. Del Contrato de Edición de Obra Literaria

Artículo 42.- Hay contrato de edición de obra literaria cuando el autor o el titular de los derechos patrimoniales, en su caso, se obliga a entregar una obra a un editor y éste, a su vez, se obliga a reproducirla, distribuirla y venderla cubriendo al titular del derecho patrimonial las prestaciones convenidas.

Las partes podrán pactar que la distribución y venta sean realizadas por terceros, así como convenir sobre el contenido del contrato de edición, salvo los derechos irrenunciables establecidos por esta Ley.

Artículo 47.- El contrato de edición deberá contener como mínimo los siguientes elementos:

I. El número de ediciones o, en su caso, reimpresiones, que comprende;

II. La cantidad de ejemplares de que conste cada edición;

III. Si la entrega del material es o no en exclusiva, y

IV. La remuneración que deba percibir el autor o el titular de los derechos patrimoniales.

El contrato de edición de obra literaria contempla la cesión de los derechos patrimoniales, a fin de que sea distribuida, reproducida y comercializada por una Editorial o editor. Por lo tanto, el autor se obliga a entregar su obra para tales fines.

Artículo 50.- Si no existe convenio respecto al precio que los ejemplares deben tener para su venta, el editor estará facultado para fijarlo.

Artículo 52.- Son obligaciones del autor o del titular del derecho patrimonial:

I. Entregar al editor la obra en los términos y condiciones contenidos en el contrato, y

II. Responder ante el editor de la autoría y originalidad de la obra, así como del ejercicio pacífico de los derechos que le hubiera transmitido.

Artículo 53.- Los editores deben hacer constar en forma y lugar visibles de las obras que publiquen, los siguientes datos:

I. Nombre, denominación o razón social y domicilio del editor;

II. Año de la edición o reimpresión;

III. Número ordinal que corresponde a la edición o reimpresión,

IV. Número Internacional Normalizado del Libro (ISBN), o el Número Internacional Normalizado para Publicaciones Periódicas (ISSN), en caso de publicaciones.

El ISBN se considera como un mecanismo que permite que tu libro navegue por todos los medios posibles sobre el planeta, cualquier medio físico o electrónico, y con un gran mar de ventajas para su comercialización.

📖 Regalías

El derecho a la remuneración, es decir a recibir regalías forma parte de los contratos que se establecen entre el autor y la Editorial convencional. En el caso de las plataformas de auto publicación como Amazon, el término utilizado son las royalties. Debido a que esta obra se enfoca a los procesos de auto publicación en la era digital, a continuación abordaremos cómo se manejan los royalties.

¿Qué son los royalties?

■ El término royalty se refiere a la cantidad que recibe el propietario de los derechos de autor, a cambio de conceder la autorización a otros para la comercialización de sus obras.

■ En español el término royalties corresponde a la obtención de regalías.

Ana Nieto (2017), señala que si un libro se va a ofrecer a la venta en euros y dólares, aunque puedan variar los centavos, es más recomendable darlo al mismo precio, es decir, si el libro costará 9.99 euros, también debe ofrecerse en 9.99 dólares. En el caso de México, es más recomendable manejar precios cerrados, por ejemplo 100 pesos.

Si un libro tiene un costo de 2.99 dólares a 9.99, si es Kindle, te da una regalía del 35 al 70% y con libro físico te da hasta el 35%. Es necesario señalar, que en algunos casos, habrá que considerar pagos por impuestos, según el país donde se realice el proceso; sin embargo, la misma plataforma te orienta al respecto.

¿Cuándo cobramos?, de acuerdo con Ana Nieto (2017), dos meses después del vencimiento del mes. Por ejemplo, si publicaste tu libro el día 14 de agosto, el vencimiento del mes es el día 31 y a partir de ese momento se considera el periodo de dos meses.

Es más conveniente subir tu libro a mediados del mes o antes del último día, ya que cuentas con dos meses para recibir tus primeras royalties. Para ello, en la plataforma de Amazon deberás registrar una cuenta bancaria para que se realicen los depósitos.

Recomendaciones:

- Fijar el precio de la lista en *Amazon.com*, *.es* y *.mx*
- Fijar misma cantidad en dólares y en euros: $4.99 y € 4.99
- En dólares y euros los precios terminados en "00.99" son más atractivos.
- En pesos los precios terminados en "00.00" son más atractivos.

Autoevaluación

Valora en una escala del 1 al 10 el avance en cada una de las siguientes etapas del desarrollo de tu libro. Donde 1 corresponde a no realizado y 10 representa que has concluido.

Comprendí la importancia que tienen los derechos de autor.	1 2 3 4 5 6 7 8 9 10
Identifiqué los aspectos legales de los derechos morales.	1 2 3 4 5 6 7 8 9 10
Identifiqué los aspectos legales de los derechos patrimoniales.	1 2 3 4 5 6 7 8 9 10
Logré comprender la importancia y necesidad de la obtención del ISBN para mi libro y como obtenerlo	1 2 3 4 5 6 7 8 9 10
Comprendí el proceso general para registrar los derechos de autor de mi libro	1 2 3 4 5 6 7 8 9 10
Identifiqué la importancia y elementos del contrato de edición de un libro.	1 2 3 4 5 6 7 8 9 10
Comprendí la diferencia entre regalías y royalties, dependiendo de la opción de publicación de un libro	1 2 3 4 5 6 7 8 9 10

CAPÍTULO CUARTO:
DISEÑO, IMPRESIÓN Y DISTRIBUCIÓN

4.1. Del original terminado al libro publicado
- 📖 Proceso editorial
- 📖 Carta al editor
- 📖 Maquetación

4.2. Del diseño a la publicación
- 📖 Por qué Amazon
- 📖 Proceso de edición digital en Kindle
- 📖 Impresión bajo demanda

4.1. Del original terminado al libro publicado

📖 Proceso editorial.

El proceso editorial de un libro, antes de que surgieran las opciones de auto publicación, suele ser bastante complejo. Para poder comprender esta complejidad, comenzaremos por explicar las actividades y actores involucrados en este proceso.

Figura No. 15. Elementos del ISBN

El proceso editorial consiste en una serie de pasos que abarcan desde la revisión del manuscrito, el diseño, ilustración, impresión, encuadernación, distribución y venta de la obra. Para llegar a la publicación del libro, el autor debe enfrentar una serie de revisiones, reestructuraciones y adaptaciones que permitan que su obra sea considerada altamente competitiva en el mercado.

En el diagrama presentado, podemos observar los pasos que conlleva el proceso editorial convencional, siempre y cuando se logre obtener la aprobación del primer filtro, es decir el editor. En muchas ocasiones, a pesar de que el manuscrito se traslada a revisión o aprobación por el Consejo editorial, es en esta instancia donde una gran cantidad de obras son retenidas y rechazadas, lo que conduce al autor a una búsqueda incesante de oportunidades para publicar su obra.

El proceso tradicional es distinto del proceso de autopublicación. A fin de identificar las diferencias entre ambos procesos y conocer las ventajas de auto publicar, a continuación señalamos algunos pasos para tu consideración.

Proceso de edición convencional	Proceso de edición en la autopublicación
• Selección de la obra recibida y aprobación del Consejo Editorial.	• Los autores se convierten en su propio editor y ellos deciden en qué momento estará listo el manuscrito para su publicación.
• Aspectos legales (registro y contratos)	• Los autores realizan personalmente su propio registro de obra ante derechos de autor. • El contrato se establece con la compañía de autopublicación.
• Edición de la obra	• El formato y diseño lo determinan los autores y en caso necesario contratan al diseñador o ilustrador.
• Procesos de revisión y estilo	• La revisión y estilo puede estar a cargo de los autores o bien se contrata a un revisor de estilo.
• Diseño gráfico	• Se realiza por el autor o equipo de autores, pero también se puede contratar a un diseñador.
• Impresión y encuadernación	• Los autores determinan el tamaño del libro, tipo de encuadernación y presentación final, considerando las opciones que le ofrecen las compañías de autopublicación.

Proceso de edición convencional	Proceso de edición en la autopublicación
• Distribución y venta	• Normalmente los autores y las compañías de autopublicación se encargan de este proceso.
• Estrategias de mercadeo	• Plan de mercadotecnia y networking o redes de contacto del autor. El autor debe incursionar en el mundo de las redes sociales útiles para promover sus libros desde Amazon u otra plataforma, vinculando todas sus redes sociales.

Tabla 3. Aspectos más relevantes en relación con el proceso de edición de un libro en una editorial convencional y a través de la modalidad de auto publicación.

El proceso editorial convencional es complejo, debido a la cantidad de actividades y actores involucrados: autores, agentes literarios, revisores de estilo, traductores, ilustradores, compradores, librerías minoristas, mayoristas, proveedores de tinta, papel, película, entre otros.

Lo primero que debes tener en claro, es que hay una etapa de selección de obras recibidas para la aprobación por parte de un comité editorial; integrado generalmente por los dueños de la Editorial, el editor del área en cuestión, los representantes de mercadotecnia, publicidad y personal de ventas. Existe también un responsable de redactar contratos y crear relaciones públicas con el autor.

Se realiza un dictamen y de ser aprobada la obra, empezará el proceso de edición, incluyendo las actividades de diseño, ilustración y revisión. Se revisan aspectos como la calidad del trabajo, el contenido, la escritura y posteriormente, se busca un diseño apropiado, armónico y atractivo.

Antes de la impresión y encuadernación, se vuelven a revisar las ventajas competitivas para ese libro, y si hay más valores se ponen en la cuarta de forros o contraportada. Recuerda que la descripción de la obra en la cuarta de forros, debe integrar las razones por las cuales la gente lo tiene que comprar: ¿en qué le ayuda?, ¿de qué le sirve?, ¿por qué es bueno el libro?, ¿por qué el lector se tiene que interesar?

Por último, es importante que consideres el valor de la información contenida en este libro, puesto que no existe una recopilación de datos como en esta obra en nuestro país, ya que este trabajo es la suma de la experiencia editorial, participación en congresos y diplomados de las autoras.

📖 Carta al editor

En caso de que tengas la intención de enviar a una editorial convencional tu manuscrito, es necesario que escribas una carta dirigida al editor.

Esta carta va acompañada con el manuscrito de tu libro y debe contener información general relacionada con tu obra y datos generales como autor, preferentemente debe estar ya registrado y con el ISBN.

Aaron Shepard (2000), plantea que se debe considerar un formato estándar para enviar la carta al editor. Este formato debe ser en una hoja tamaño carta impresa por un solo lado, utilizar letra Arial o Times New Roman No. 12, un interlineado de espacio y medio. El texto de tu carta no debe rebasar las 250 palabras. En la parte superior izquierda, se coloca el nombre, teléfono, dirección y correo electrónico del remitente.

En nuestra experiencia como autoras, hemos notado que la entrega de una carta extensa y un curriculum demasiado amplio, generalmente *no* resulta ser atractivo para su lectura. Por lo anterior, recomendamos expresar claramente tu intención, incluir una breve BIO y una reseña del libro a publicar, incluyendo las ventajas competitivas de la obra, es decir, señalar por qué lo debemos comprar.

Si tu libro será autopublicado en Amazon, de igual forma, su contenido te servirá, puesto que puedes enviarla por correo electrónico cuando subas tu producto y también puedes usar esa información para completar tu página de autor.

📖 Maquetación.

En este apartado, describiremos todas las actividades que forman parte de la maquetación de tu libro. Maquetar es un proceso donde se realiza un modelo previo del manuscrito del libro que se va a publicar, a partir del cual se determinan las características de diseño que debe cumplir para su aprobación definitiva.

Es importante considerar que este proceso, aunque surge de la publicación convencional, también es aplicable para el diseño de libros que serán autopublicados a través de las plataformas para tal fin.

Antes de la publicación de tu libro, el editor o revisor te entregará una copia de tu manuscrito, marcado con los cambios que se requieren y sugerencias. Si tu editor o revisor hace bien su trabajo, esto puede ser un gran beneficio para ti y la publicación de tu libro. Pero si hay cosas que no puedes aceptar, informa a tu editor o revisor respetuosamente y dale razones que te permitan reafirmar lo que has escrito.

Este proceso es aplicable también en la autopublicación, donde el diseño es responsabilidad del autor y debe cumplir con los requerimientos establecidos por las plataformas para publicarlo.

Las actividades que considera el proceso de maquetación de un libro se describen a continuación.

1. Integración del manuscrito

Es necesario que el manuscrito de tu libro sea elaborado en una plantilla de Word, preferentemente, a fin de que cumpla con las características de diseño que solicitan las plataformas de autopublicación.

Las plantillas se encuentran disponibles en las plataformas de autopublicación, por lo que es muy recomendable utilizarlas y de esta forma, cumplir con todas las pautas de publicación.

2. Revisión de estilo

Después de que has revisado el manuscrito será editado, enfocándose en detalles como redacción, gramática, uso de palabras y puntuación. El manuscrito marcado con observaciones o correcciones, te será enviado para revisarlo y aprobarlo. Esta es tu última oportunidad para hacer cambios en lo que has escrito.

3. Diseño de la maqueta

En la publicación convencional, el director de arte o diseñador del libro decidirá el tamaño del libro, tipo de encuadernación, estilo, papel y materiales de cubierta. En la autopublicación, el autor decide, en función de las características de su libro y público lector, todos estos elementos.

En ambos procesos, es necesario cuidar en los libros su diseño, es decir, la parte de diagramación, colocación de ilustraciones, etc. El diseñador calcula, redefine estructura, cuadros de texto, topografía, calcula espacios, ilustraciones, tablas, etc. La maquetación ser realiza por capítulo y se revisa por el autor para su autorización.

Para calcular la estructura de nuestro libro con todas sus partes, empleamos la técnica de notas adhesivas o post-it, presentada en el capítulo dos, recomendada por la scbwi.org, en uno de los congresos organizados por esta institución.

Figura No. 17. Técnica para determinar la estructura del libro

En esta imagen observamos que el pliego de papel bond se dobla en múltiplos de ocho. La impresión del libro, regularmente se realiza en papel de 450 mm x 650 mm, la forma de distribuir las páginas por pliego es de ocho páginas en una carilla del pliego, es decir, ocho por el reverso y ocho por el anverso, sumando un total de 16 páginas por pliego.

4. Ilustraciones.

Si tu libro está por ser ilustrado, el manuscrito editado o las pruebas serán enviados al artista o diseñador, quien es elegido por el editor o el propio autor, frecuentemente con ayuda de un director de arte. En la mayoría de los casos tienes poca o ninguna opinión en el diseño, incluso si te presenta muestras de cortesía.

En caso de descargar ilustraciones procedentes de páginas de internet, debes asegurarte que no posean derechos de autor. Como hemos señalado, existen diversas opciones de sitios web que ofrecen la posibilidad de descargar imágenes libres de derechos de autor.

Por lo contrario, si se requiere contratar a un diseñador de imágenes, sobre todo para escritores de libros ilustrados, deben tener en mente que el artista es un colaborador creativo, no un mero traductor de las palabras del autor. Aun así, el autor puede pedir la revisión preliminar de los dibujos del artista para ver si son coherentes con el texto.

5. Diseño de gráfico

Las ilustraciones deben ser editadas con algún programa de diseño por computadora, previo a la publicación. Tú debes solicitar páginas de prueba para revisión, para que selecciones aquéllas mayormente relacionadas con tu libro e idea creativa.

Es conveniente emplear un programa de diseño gráfico que mejore la resolución de las imágenes, asegurándote que cumpla con los requisitos para la publicación. En el libro impreso, las imágenes deben tener una resolución de 300 ppp (puntos por pulgada) como mínimo. El punto por pulgada es un factor de conversión, que permite convertir los pixeles de una imagen digital a centímetros, en el caso de una imagen impresa. Los pixeles son la menor unidad de medida del tamaño de una imagen digital y corresponden a pequeños cuadros que integran la imagen.

En caso de requerir la contratación de un ilustrador profesional, te sugerimos ingresar a la página de la Society of Children's Book Writers and Illustrators (www.scbwi.org), empresa en los Ángeles E.U.A, dedicada exclusivamente a capacitar escritores e ilustradores; te pueden contactar con personas muy profesionales y sin riesgo. Realmente tienen muy buen control de calidad.

6. Uso de los colores:

Procura conocer las combinaciones de tonos de colores que van por época del año (disponibles en la www) esto es muy importante al realizar tus portadas, a fin de que no quede desbalanceada o de mal gusto.

El diseñador también calcula el tamaño y combinación de colores en la portada, contraportada y lomo; considerando el espacio del ISBN o algún otro dato que el autor desea que aparezca.

En la autopublicación con Amazon vamos a subir portada, contraportada y lomo en formato JPG o PDF, en un mismo archivo. Es importante que el diseño sea de total gusto del autor y del tamaño que corresponda a la plantilla que elegiste para tu libro. Las imágenes para tu portada pueden descargarse de algunos sitios en internet como: Fotolia, Pixabay, Shutterstock. Algunas imágenes son gratuitas y otras tienen un costo por descarga, sin embargo son libres de derechos o del dominio público.

Es conveniente no emplear imágenes sin verificar su origen y características, debido a que algunas poseen derechos de autor o bien no reúnen las especificaciones necesarias en relación con la calidad requerida.

7. Tipografía.

En una Editorial convencional, con un archivo de computadora suministrado por ti o creado por el publicador, tu manuscrito será formateado en el tipo de letra elegido para tu libro. Te enviarán una copia de la captura del libro o borrador para que revises los detalles o en su caso identifiques los errores. Hasta este momento, todavía puedes hacer cambios menores, pero no es necesario que empieces a reescribirlo.

Si estás autopublicando, la letra que selecciones es de gran importancia en el diseño de tu libro, existen varias páginas para escritores en la web que nos dan sugerencias de los tipos de fuente recomendados para título, subtítulo, cuerpo, citas, etc.

Es importante, seguir las recomendaciones que hemos analizado en cuanto a formato y presentación de citas y referencias, de acuerdo al manual APA.

Las tipografías más populares en la realización de libros son: Times New Roman, Arial, Minion Pro, Nilan, Nudely, Stark, Baskervelle Old Face, Bookman Old Style, Centaur, Geramond, entre otras.

Es importante que el tipo de fuente seleccionada sea de fácil lectura y que no deje demasiados espacios entre las letras, permitiendo que el cuerpo de texto tenga flexibilidad en los párrafos. Cada tipografía aplicada tiene un determinado estilo de párrafo para cada elemento gráfico del libro, entre las cuales están: apertura de capítulo, títulos y subtítulos.

En suma, la maquetación de tu libro es un proceso sumamente importante para lograr una comercialización exitosa. Normalmente, la publicación en una Editorial convencional, es un proceso que puede durar demasiado tiempo; mientras que en la autopublicación, una vez cumpliendo con las especificaciones que establecen las plataformas, este proceso puede ser en menor tiempo, una vez que haya sido revisado y aprobado.

Una de las ventajas de la autopublicación con Amazon es que puedes empezar tu pre-lanzamiento un mes antes de ser subido el libro a la red, con excelentes opciones de promoción que te da la misma plataforma.

En la siguiente sección, conocerás el proceso a seguir para lograr la autopublicación de tu libro a través de Amazon.

4.2. Del diseño a la publicación

Ante la diversidad de opciones para poder publicar tu libro en esta era digital, encontramos que Amazon es una de las plataformas líderes en el mercado, donde te ofrecen una gama de posibilidades para autopublicar.

En esta sección, te presentaremos los procesos de autopublicación de tu libro en formato digital o electrónico, a través de Kindle Direct Publishing (KDP). Así mismo, esta plataforma de Amazon te ofrece la posibilidad de publicar en la modalidad de libro impreso bajo demanda, llamado también libro de tapa blanda.

¿Por qué Amazon?

Es importante especificar algunas de las ventajas que adquieres al autopublicar tu libro en Amazon:

- Es la principal plataforma de autopublicación a nivel mundial.

- Es una empresa que vende más de un millón de libros por día.

- Cuenta con un registro superior a los 400 millones de tarjetas de crédito, lo que convierte a este sector de la población en lectores potenciales de tu libro. Este dato corresponde al número de clientes cautivos o actuales que nos da una idea de lo amplio que es el mercado potencial en Amazon.

- Es el tercer buscador más importante.

- Su sistema de compra es muy accesible, eficaz y eficiente.
- Cada vez son más los autores que incorporan sus libros a esta plataforma.
- Ninguna editorial logra tener ese record de ventas.

Proceso de edición digital en Kindle

¿Cómo publicar un libro en Kindle?

En Amazon tenemos la posibilidad de generar nuestro libro electrónico o eBook a través de 5 pasos.

Paso 1: Crea una cuenta en Amazon.

Paso 2: Dirígete a la sección de publicación en *Kindle* e inicia sesión.

Paso 3: Dirígete a la Biblioteca, crea un nuevo título y especifica la información de tu libro.

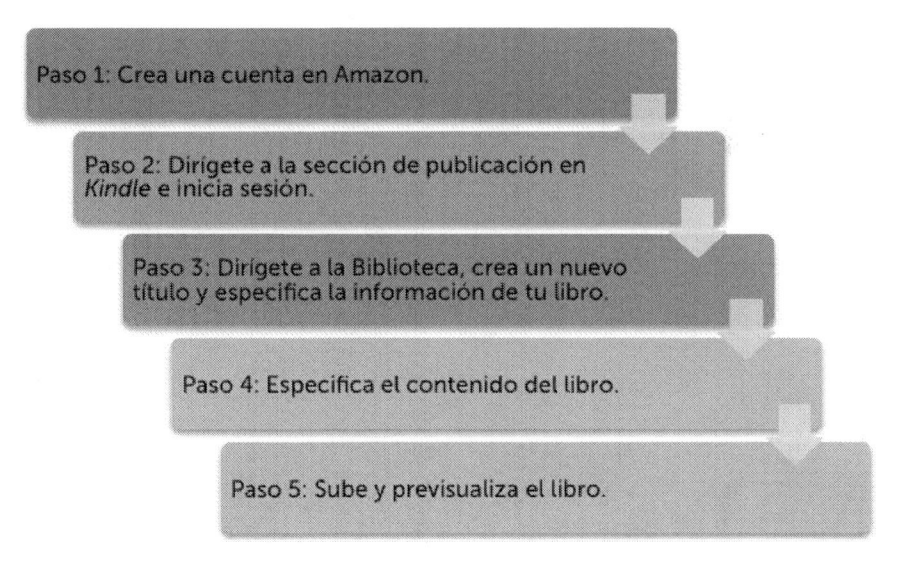

Paso 4: Especifica el contenido del libro.

Paso 5: Sube y previsualiza el libro.

Figura No. 18. Proceso de autopublicación de libro electrónico en Amazon

PASO 1. Crear una cuenta en Amazon

El primer paso es crear una cuenta en Amazon, es decir, registrarse para tener acceso a estos servicios digitales. Para crearla, la plataforma te solicitará: correo electrónico, contraseña, nombre de usuario, número de celular (opcional). Finalmente, tienes que generar un usuario y contraseña, que será solicitada cada vez que accedas a Amazon.

Figura No. 19. Crear una cuenta en Amazon Fuente: https://www.amazon.com. Amazon.com.Inc. o afiliados. Todos los derechos reservados

■ PASO 2. Dirigirse a la sección de publicación en Kindle e iniciar sesión.

Al ingresar a la página de Amazon, en la parte inferior, aparece una sección denominada: publicación en Kindle. Selecciona la opción: publica tu libro en Kindle y posteriormente ingresas usuario y contraseña. Una vez iniciada la sesión, debes acceder al área llamada biblioteca.

Conócenos	Gana dinero con nosotros
Trabajar en Amazon	Vender en Amazon
Información corporativa	Vender en Amazon Handmade
Departamento de prensa	Publica tu libro en Kindle
	Programa de afiliados
Amazon Science	Anuncia tus productos

Figura No. 20. Publica tu libro en Kindle Fuente: https://www.amazon.com Amazon.com.Inc. o afiliados. Todos los derechos reservados

Figura No. 21. Ingresa con usuario y contraseña Fuente: https://www.amazon.com
Amazon.com.Inc. o afiliados. Todos los derechos reservados

■ PASO 3. Dirigirse a la biblioteca, crear un nuevo título y especificar información del libro.

En la sección de biblioteca, aparecerá la opción: crear un nuevo título. Posteriormente, deberás seleccionar eBook Kindle.

Figura No. 22. Biblioteca en Kindle. Fuente: https://www.amazon.com
Amazon.com.Inc. o afiliados. Todos los derechos reservados

115

Además, aparecerán tres opciones:

1. Detalles del e-Book Kindle.
2. Contenido de e-Book.
3. Precio.

En esta parte del proceso, es necesario especificar una serie de información relativa a tu libro, conocida como metadatos, la cual se enlista en este esquema:

Figura No. 23. Información detallada de tu libro para publicar en Kindle

Encontrarás que la plataforma de Amazon es muy amigable para registrar la información relativa a tu libro, aparecen las celdas donde deberás registrar cada uno de los datos y en algunos casos se despliegan opciones a seleccionar.

Figura No. 24. Sección de la plataforma de Amazon para registrar la información detallada de tu libro para publicar en Kindle. Fuente: https://www.amazon.com Amazon.com.Inc. o afiliados. Todos los derechos reservados

1. Idioma (obligatorio)

Elegir el idioma en que se publicará tu libro. A la derecha de esta sección, aparece una flecha y se despliega una lista de idiomas a seleccionar.

2. Título del libro (obligatorio)

Escribe el título tal y como deseas que aparezca en la portada y plataforma. Aparecen especificaciones de cuántos caracteres puede contener.

3. Subtítulo (opcional)

Escribe el subtítulo de tu libro. El título y el subtítulo no deben superar los 200 caracteres. El subtítulo aparecerá en la página de detalles de tu libro y debe seguir las mismas características del título.

Aunque el subtítulo es opcional es altamente recomendable que se escriba, puesto que ahí también se incluyen palabras clave, como una forma de que el público lector objetivo, identifique fácilmente tu libro y las ventajas que le estás ofreciendo.

4. Nombre de la serie (opcional)

En caso de que tu libro corresponda a una serie, debes registrar esta información: nombre de la serie (no incluyas el título individual del libro), el número de volumen en el campo previsto.

Por ejemplo es el número 1 de la serie que contiene 5 volúmenes, hay que ponerle el número de volúmenes o el número de la serie.

5. Número de edición (opcional)

Una edición es una versión específica de un libro. Indicar el número de edición ayuda a los lectores a saber si el libro pertenece a la edición original o si incluye contenido actualizado. Si es la primera vez que publicas este libro, escribe el número 1. Si el libro fue publicado con anterioridad y la versión que estás publicando incluye cambios significativos, escribe el número 2 y así sucesivamente; según el número de actualizaciones que tenga el libro. El número de edición, aunque es opcional, es importante manejarlo y más ahora porque la gente siempre compra buscando la última edición.

6. Autor (obligatorio)

Escribe el nombre del autor o coautores del libro. Se debe escribir, tal y como se desea que aparezca en la portada.

7. Colaboradores (opcional)

Escribe los nombres de las personas que han participado en la elaboración de tu libro. (Coautores, editores, ilustradores, traductores, etc.)

Es conveniente incluir a los colaboradores o quienes participaron en el diseño del libro, por ejemplo: revisor de estilo, diseñador gráfico, entre otros.

8. Descripción (obligatoria)

Corresponde al texto que aparece en la solapa interna de un libro de tapa dura o bien a la reseña que se escribe en la

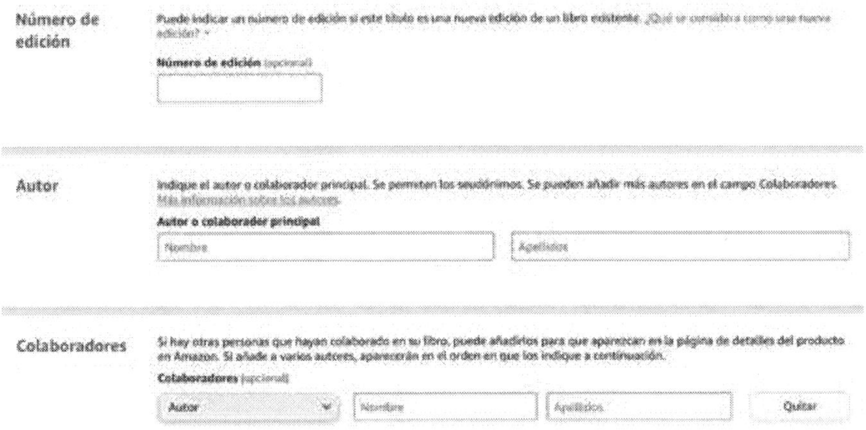

Figura No. 25. Registrar información del libro en Kindle. Fuente: https://www.amazon.com Amazon.com.Inc. o afiliados. Todos los derechos reservados

contraportada. La descripción ofrece a los lectores una idea general sobre tu libro. Este campo puede contener entre 30 y 4000 caracteres. En este momento no se pueden incluir enlaces a productos multimedia, como vídeos de YouTube, en el campo de la descripción.

Por su importancia, la descripción debe redactarse en forma clara y concisa, buscando refleje lo que queremos ofrecerle al lector.

Nota: Es posible que la descripción del libro tarde en aparecer en la página de detalles del título hasta 72 horas.

9. Verificar derechos de publicación (obligatorio)

Si la obra es un libro de dominio público, se debe seleccionar esa opción. Por lo contrario, si posees los derechos de publicación de tu libro al ser una obra de creación propia, selecciona la opción: Poseo los derechos de autor y tengo los derechos de publicación necesarios. Para ello, deberás tener tu libro registrado en derechos de autor.

10. Palabras clave (opcional)

Las palabras clave de búsqueda ayudarán a los lectores a encontrar tu libro. Deberás escribir entre cinco y siete palabras clave o frases cortas que describan el libro y que estén relacionadas con su contenido. Es muy importante para lograr posicionar el libro en el mercado.

11. Categorías (obligatorio)

En esta parte deberás seleccionar las categorías para que los lectores puedan encontrar tu libro más fácilmente. Selecciona entre un gran número de categorías de la A a la Z. Cada categoría contiene además subcategorías que mejoran la clasificación del contenido.

Más información sobre cómo publicar géneros populares en KDP:

Negocios e inversión	Cómics y novelas gráficas	Educación y libros de texto	Libros infantiles	Literatura y ficción
Misterio y aventuras	No ficción	Novela romántica	Ciencia ficción y fantasía	Adolescentes y jóvenes

Figura No. 26. Categorías en KDP. Fuente: https://www.amazon.com Amazon.com.Inc. o afiliados. Todos los derechos reservados

12. Edad y nivel educativo (opcional)

Consiste en seleccionar edad y nivel educativo del público lector al que está dirigida tu obra. Aunque es opcional, es muy recomendable hacerlo porque según la edad, los buscadores en internet y las tiendas a nivel mundial, filtran sus búsquedas de acuerdo a edad y nivel educativo que corresponde.

13. Opciones de publicación (obligatoria)

En esta sección, deberás seleccionar entre dos opciones: realizar el lanzamiento de tu libro de inmediato, o bien poner el contenido en preventa, como una estrategia mercadológica.

■ PASO 4. Contenido del libro.

El paso 4 es el contenido del libro y corresponde a un conjunto de actividades vinculadas a cargar el manuscrito, es decir, es cuando se sube el archivo a la plataforma de Amazon.

A. Cargar el manuscrito (obligatorio)

Seleccionar la opción: Cargue su manuscrito para subir el archivo de contenido de tu libro al servidor de KDP. Es importante considerar que los archivos del libro tienen que ocupar menos de 650 MB. KDP puede convertir archivos Word (en formato .doc y .docx), MOBI, EPUB y PDF hasta ese tamaño. KDP también puede convertir archivos en formato TXT y HTML de hasta 50 MB.

Amazon te da la opción de cargar el documento original o utilizar algunas herramientas gratuitas de creación de libros que ofrece en la plataforma.

B. Gestión de derechos digitales

Gestión de derechos digitales (obligatorio). En esta actividad se puede utilizar la tecnología de gestión de derechos digitales (DRM) para cada uno de tus libros. Esta tecnología se usa para proteger la versión Kindle del libro de cualquier tipo de distribución no autorizada.

No se podrá seleccionar esta opción después de publicar el libro o cargarlo como contenido en preventa.

Algunos autores prefieren que los lectores compartan su obra y prefieren no habilitar esta opción.

C. Portada del libro

En esta opción es cuando deberás cargar los archivos de tu portada en JPG o PNG, ya sea de la portada creada o diseñada para ti. Encontrarás que Amazon te ofrece también una herramienta llamada creador de portadas, el que podrás utilizar en caso de que no cuentes con este diseño.

D. ISBN

Si cuentas con un ISBN (número estándar internacional de libro) para el libro electrónico, deberás escribirlo en esta sección, o bien utilizar el servicio gratuito que te ofrece Amazon para la asignación.

E. Actualizar la información de su libro.

En caso de que necesites modificar la información del libro, deberás regresar a la sección Biblioteca y realizar lo siguiente:

■ Dar clic en el botón de puntos suspensivos ("...") del menú Acciones, junto al libro que estás actualizando.

■ Selecciona: "Editar detalles del libro", "Editar contenido del libro" o "Editar precio del libro".

■ Introducir los cambios que deseas realizar y hacer clic en el botón "Publicar" para hacerlos definitivos.

■ PASO 5. Subir y previsualizar el libro.

Para cargar el archivo de tu libro, deberás estar en la sección de la Biblioteca y dar clic en los puntos suspensivos ("...") y selecciona: "Editar contenido del libro".

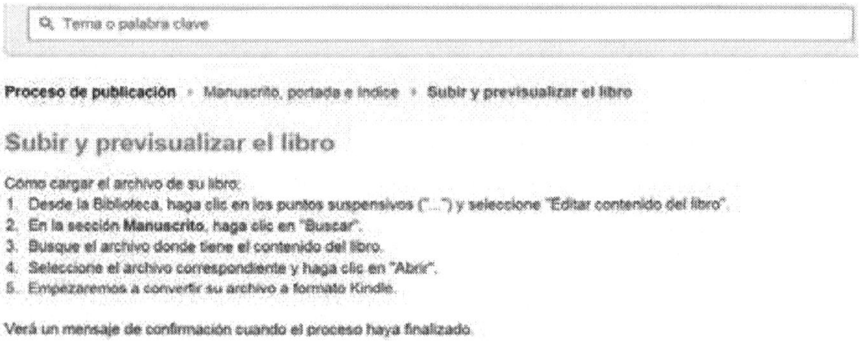

Figura No. 27. Subir y previsualizar el libro. Fuente: https://www.amazon.com Amazon.com.Inc. o afiliados. Todos los derechos reservados

En la sección Manuscrito, debes dar clic en "Buscar", posteriormente selecciona el archivo correspondiente a subir y da clic en "Abrir"; el archivo se empezará a convertir a formato Kindle.

Posteriormente, aparecerá un mensaje de confirmación cuando el proceso haya finalizado.

▪ En el paso Vista previa del libro, selecciona la opción: Online Previewer u Opciones de previsualización descargables para poder ver, de manera aproximada, el aspecto que tendrá el contenido del eBook en varios dispositivos Kindle.

▪ En la vista previa no se pueden ver detalles del producto como el título o el nombre del autor. Dichos campos aparecerán en el libro electrónico cuando esté publicado en la Tienda Kindle.

Finalmente, hay una sección donde deberás determinar el precio de tu libro y subir los datos de facturación, un número de cuenta bancaria donde deseas que Amazon te deposite las regalías o bien, podrás elegir la opción de cheque bancario. Este proceso dependerá del país de origen.

📖 Impresión bajo demanda

Cuando comenzó la autopublicación, solamente se tenía la opción del libro electrónico en Kindle, sin embargo, cuando Amazon vio que era muy rentable, empezó a publicar en papel, por lo que actualmente puedes publicar tu libro en la opción de impresión bajo demanda.

Antes de comenzar a hablar de la impresión de un libro, a través de Amazon, queremos comentarles sobre la novedad y oportunidad que tenemos los escritores de la era digital, por tener

DATO INTERESANTE

Desde hace 10 años aproximadamente, inició la transformación del proceso de publicación de un libro. Gracias a la tecnología de impresión digital, es posible imprimir un libro con calidad, en forma profesional y a bajo costo en las opciones de autopublicación.

la posibilidad de compartir lo que sabemos y hemos adquirido como experiencia a lo largo de la vida.

Las plataformas para autopublicar un libro impreso, se conoce como modalidad de impresión bajo demanda, es decir, que Amazon publica según los pedidos que tiene. Por ejemplo, si como autor deseas mil libros de tu primera edición, realizas el pedido y Amazon en un plazo no mayor a 7 días, te envía el pedido. Lo mismo hace con cualquier usuario que entre a la plataforma y realice la compra del libro que sea de su interés.

Por lo anterior podemos afirmar, que tenemos al alcance esta gran oportunidad, por ser un proceso innovador. Precisamente, una de las ventajas que tiene el publicar con Amazon, en esta modalidad, es que evitamos una serie de requisitos que nos imponen en los procesos de publicación tradicional en donde estamos sujetos a la decisión del editor.

En este caso como autores somos los responsables de nuestra publicación, por lo que tenemos que cumplir con varios requisitos o pautas de publicación. Además, existen diversas herramientas en la plataforma de Amazon para diseño de portadas, página del autor, herramientas para promocionar el libro, entre otras.

Todo esto nos abre la oportunidad de publicar, permite también mantener control de la publicación, ya que se obtiene una exclusividad nada más por 90 días y una vez transcurrido ese tiempo, los autores tenemos la libertad de permanecer en Amazon y seguir publicando con ellos o bien retirarlo y subirlo en otras plataformas.

Amazon únicamente es el intermediario, es quien proporciona el servicio de impresión y distribución de los libros. La autopublicación de libro impreso se realiza a través de la plataforma de Amazon: Kindle Direct Publishing (KDP).

📖 Libro impreso mediante KDP

> **Paso 1:** Preparar el manuscrito y la portada. Revisar que cumpla las pautas de publicación y contenido.
>
> **Paso 2:** Iniciar sesión en KDP e ingresar a Biblioteca para crear un nuevo título.
>
> **Paso 3:** Registrar la información necesaria de tu libro.
>
> **Paso 4:** Contenido del libro y previsualización.
>
> **Paso 5:** Derecho de publicación y precios.

Figura No. 29. Pasos para publicar libro impreso en KDP

Para realizar la autopublicación de tu libro impreso a través de Kindle Direct Publishing (KDP), debes seguir el siguiente proceso.

A continuación, describiremos detalladamente cada uno de estos pasos, a fin de que puedas realizar la autopublicación de tu libro impreso.

■ **PASO 1. Preparar el manuscrito y la portada. Revisar que cumpla las pautas de publicación y contenido.**

En este momento, deberás tener listo tu manuscrito, considerando las pautas de publicación que establece KDP, para ello te sugerimos consultar la Guía para la publicación en papel que puedes descargar de la plataforma.

Herramientas y recursos de KDP

¿Qué quiere hacer? Encuentre su herramienta ideal en la tabla. Más abajo podrá ver más información sobre cada una.

Me gustaría...	Herramienta indicada...
Publicar un libro de texto	1. Kindle Textbook Creator (Beta)
Publicar un libro infantil	2. Kindle Kids' Book Creator
Publicar un cómic	3. Kindle Comic Creator
Obtener ayuda para dar formato a mi obra	4. Kindle Create (Beta)
Saber cómo se verá mi manuscrito en formato Kindle	5. Kindle Previewer <3
Hablar con otros editores	6. Comunidad de KDP
Contratar profesionales: revisores, diseñadores o expertos en formato	7. Servicios para autores (de pago)

Figura No. 30. Herramientas y recursos que te ofrece KDP.
Fuente: https://www.amazon.com
Amazon.com.Inc. o afiliados. Todos los derechos reservados

Así mismo, KDP te ofrece algunas herramientas para preparar tu manuscrito o para crear la portada de tu libro, dependiendo del tipo o categoría y del formato y tamaño que hayas elegido..

■ PASO 2. Iniciar sesión en KDP e ingresar a Biblioteca para crear un nuevo título.

Si tienes cuenta de Amazon, se utiliza exactamente la misma, puesto que la puedes emplear para comprar, publicar y generar la página de autor, es decir, te va a servir para todos los servicios que nos ofrece la plataforma.

■ En primera instancia, inicia sesión y posteriormente, dirígete a la Biblioteca.

■ Selecciona la opción: libro de tapa blanda (ya disponible en formato de tapa dura).

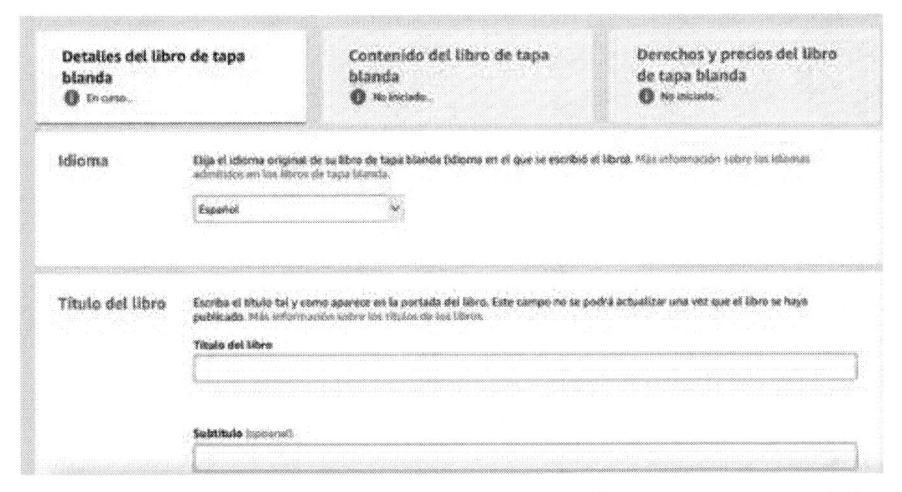

Figura No. 31. Seleccionar la opción de Libro de tapa blanda para crear un nuevo título en KDP. Fuente: https://www.amazon.com
Amazon.com.Inc. o afiliados. Todos los derechos reservados

■ PASO 3. Registrar la información necesaria de tu libro.

■ Posteriormente, se registran todos los datos del libro, conocidos como metadatos: Título y Subtítulo, descripción, palabras clave, categorías, derechos de autor e ISBN. Este proceso es exactamente igual que en el libro electrónico.

En el caso del ISBN, tienes dos alternativas: si realizaste tu trámite a través del INDAUTOR, o bien tomando la opción que te ofrece Amazon para obtener un ISBN gratuito. Como se había comentado en el capítulo cuatro, la única característica de ese ISBN es que es exclusivo de Amazon. Si deseas publicar en otra plataforma, entonces deberás tramitar un nuevo ISBN.

Figura No. 32. Registrar información o metadatos del libro. Fuente: https://www.amazon.com
Amazon.com.Inc. o afiliados. Todos los derechos reservados

■ PASO 4. Contenido del libro y previsualización.

■ Subir los archivos: Manuscrito, portada, contraportada y lomo.

Cuando ya estamos listos para subir los archivos, debemos agregar el archivo en Word o PDF del manuscrito. Después de un proceso de revisión, la plataforma te indicará si el manuscrito cumple con los requisitos de publicación.

En caso contrario, se deberán revisar nuevamente las pautas de publicación y realizar los cambios necesarios, a fin de que cumpla con los requisitos.

Una vez que esto suceda, se debe subir el archivo en formato JPG o PDF de la portada, contraportada y el lomo.

■ Se puede crear una portada con las herramientas que ofrece la plataforma. Crear una portada llamativa.

Hemos señalado con anterioridad la importancia de la portada, donde debe resaltarse el título y subtítulo. El título debe ser atractivo, expresar lo que el autor quiere lograr con su libro, lo que le quiere transmitir al lector y se pueden usar las herramientas que ofrece la plataforma, si así lo desea el autor. O bien, tener un diseño propio elaborado por un especialista o el propio autor.

■ Subir el archivo de la portada, lomo y contraportada.

Es importante considerar las herramientas que ofrece KDP para el diseño de portada, lomo y contraportada, puesto que el grosor del lomo dependerá del número total de páginas del manuscrito.

■ Seleccionar el formato del libro, consiste en elegir características de impresión.

1. Tinta a color o blanco y negro.

Deberás seleccionar el formato que deseas para la impresión de tu libro. La plataforma ofrece dos opciones: color o blanco y negro. En función del formato que elijas se asignará el precio del producto o del libro.

2. Papel para impresión.

La plataforma te ofrece dos opciones: papel blanco y crema.

3. Tamaño de la impresión.

La segunda opción de formato es elegir el tamaño de la impresión, donde aparecerán todos los tamaños disponibles. Deberás seleccionar el tamaño de acuerdo a la plantilla que utilizaste para crear tu manuscrito.

■ Se debe revisar el libro, en cuanto a diseño y maquetación.

La plataforma te da la opción de visualizar tu libro a través de la vista previa.

En este proceso aparecerá si existen problemas de formato o de calidad para la impresión de imágenes. En caso necesario, se indican cuáles son los aspectos a mejorar. Si el libro es aprobado, se procede al último paso.

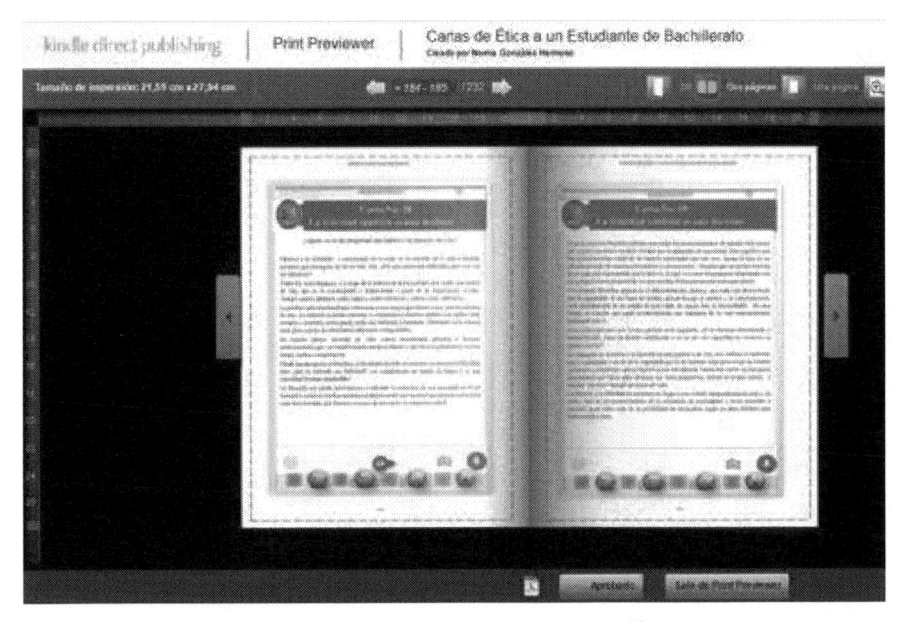

Figura No. 33. Vista preliminar del libro. Fuente: https://www.amazon.com Amazon.com.Inc. o afiliados. Todos los derechos reservados

La revisión online, se realiza dentro de la misma plataforma. En la imagen podemos observar el diseño de página, incluyendo márgenes, imágenes o características especiales. En el ejemplo, aparece un símbolo en rojo que indica existe algún aspecto a modificar.

De esta forma, a partir de la vista previa del libro, se van realizando las adecuaciones necesarias, hasta lograr cumplir con todas las especificaciones y requerimientos de la plataforma.

■ PASO 5. Derechos de publicación y precios.

El último paso de este proceso de autopublicación de libro de tapa blanda o impreso, consiste en determinar los derechos de publicación y el precio de venta.

■ Se deben seleccionar los territorios para los cuales se cuenta con los derechos de publicación y distribución.

■ Se determina el precio, en función de las características de impresión seleccionadas, así como el tamaño del libro y su grosor.

■ El precio de venta en plataforma, también dependerá del costo de producción del libro y del porcentaje de regalías que el autor seleccione.

Es importante considerar que una vez que se cumple con todos los requisitos de la plataforma, durante las próximas 72 horas, Amazon envía un correo electrónico, donde notifica si ya está disponible para su venta.

Autoevaluación

Valora en una escala del 1 al 10 el avance en cada una de las siguientes etapas del desarrollo de tu libro. Donde 1 corresponde a no realizado y 10 representa que has concluido.

Identifiqué las etapas del proceso editorial convencional.	1 2 3 4 5 6 7 8 9 10
Logré diferenciar el proceso de edición convencional y el proceso de edición en la autopublicación.	1 2 3 4 5 6 7 8 9 10
Comprendí los elementos de la redacción de una carta al editor.	1 2 3 4 5 6 7 8 9 10
Logré identificar claramente las actividades involucradas en el proceso de maquetación de un libro.	1 2 3 4 5 6 7 8 9 10
Comprendí las etapas para la autopublicación de un libro electrónico en Amazon.	1 2 3 4 5 6 7 8 9 10
Comprendí las etapas para la autopublicación de un libro impreso bajo demanda en Amazon.	1 2 3 4 5 6 7 8 9 10
Logré identificar semejanzas y diferencias en los procesos de autopublicación en KDP para libro electrónico e impreso.	1 2 3 4 5 6 7 8 9 10

CAPÍTULO QUINTO:
CREA TU IMAGEN: PROMUEVE Y PUBLICITA

5.1. Del autor a la mercadotecnia

📖 Mercadotecnia del autor

5.2. De la marca a su promoción

📖 Portafolio de la marca

📖 Portafolio de eventos

📖 Marketing en Amazon

5.1. Del autor a la mercadotecnia

📖 Mercadotecnia del autor

Para lograr posicionar tu libro en el mercado, necesitas conocer diversas estrategias que te permitirán lograrlo. A este proceso le llamamos: Mercadotecnia del Autor.

Entendemos por mercadotecnia del autor, al conjunto de estrategias que favorecerán la comercialización, promoción y difusión de tu obra; tiene como propósito asegurar que tus libros puedan llegar a nivel global a una infinidad de lectores. El marketing del autor es una actividad personal que el autor debe realizar.

En este capítulo, encontrarás estrategias generales y específicas. Entre las de carácter general encontramos aquellas que el autor realiza de forma directa; mientras que las específicas son herramientas que ofrece Amazon para promocionar tu libro.

De acuerdo con Philip Kotler y Gary Amstrong (2012), el marketing va más allá de vender y realizar actividades de promoción, implica entender y satisfacer las necesidades del cliente. Por lo que las estrategias de marketing, deben partir de identificar las necesidades, deseos y demandas que se encuentran inmersos en una decisión de compra.

Una vez que el autor de un libro, conoce a su público lector, identifica sus necesidades, deseos o intereses, logrará ofrecer una obra que logre posicionarse en el mercado.

La palabra posicionar en Mercadotecnia significa fijarse en la mente del consumidor; lo que significa lograr que los clientes potenciales, es decir, todas aquellas personas a quienes dirigirás tu libro, al escuchar tu nombre o el título de tu libro, inmediatamente sepan de quién o de qué se está hablando, generando un impacto en los lectores.

El marketing involucra diversas estrategias, conocidas como la 4P: Producto, Plaza, Precio y Promoción. Por lo tanto, involucra actividades que van desde el diseño del libro, la definición del precio, la forma de promocionarlo o publicitarlo y finalmente como distribuirlo en el mercado competitivo.

Para lograr que tu libro sea altamente competitivo, el marketing se orienta a identificar nuevas necesidades de los lectores. Esto te permitirá determinar el grado en que lo que quieres compartir sea novedoso y que quizá nadie lo ha escrito antes.

Si logras identificar las necesidades o demandas sociales de tu púbico objetivo, seguramente lograrás generar un producto que va a satisfacer esa necesidad, convirtiéndolo en un proyecto rentable, puesto que se logra garantizar el éxito al introducirlo a un mercado.

Una estrategia muy interesante en marketing, es identificar segmentos de mercado, que corresponden a sectores de la población a quiénes pretendes dirigir tu libro, haciendo énfasis en las ventajas competitivas que tiene.

Encontramos que la tendencia actual, al identificar ese segmento de mercado, es que logres ofrecer a tu público objetivo una estrategia, un método, una forma de cambiar su vida o de brindarle algo práctico para que lo puedan ejercer.

Por lo anterior, es necesario que generes un plan de mercadotecnia como autor, con ideas creativas para difundir tu obra, identificar en forma permanente las necesidades de tus lectores o bien las tendencias en el mercado, a fin de asegurar que tu libro pueda introducirse a nuevos segmentos de lectores y mantener a los actuales.

A continuación, te presentamos algunos criterios que te permitirán mantener las características competitivas de tu libro en el mercado.

■ Seleccionar un título atractivo que venda
Tema con demanda de lectores.
Idea creativa que haga del libro una propuesta original e innovadora.

Manejar una temática actual y de acuerdo a las tendencias.
Buscar que el lector obtenga un beneficio.
Enunciado claro y relacionado con el contenido.

■ Portada y balazos
Creativa, atractiva y relacionada con el tema central.
Diseño llamativo, profesional y armónico.
Buscar un incremento del interés por la lectura.
Imágenes vinculadas con el tema central de la obra.
Palabras clave relacionadas con el contenido.
Mencionar elementos complementarios o adicionales que presenta.

■ Contenido
Abordar temas actuales y de interés para el público lector.
Determinar aspectos prácticos: técnicas, herramientas, métodos, procesos, etc. En la actualidad los lectores buscan cómo lograr cambios en su vida, hábitos e intereses.
Mantener actualizada la información presentada y en caso necesario, presentar nuevas ediciones con las modificaciones pertinentes.
Utilizar un lenguaje sencillo y directo, acorde a las características del público lector.
Encontrar correspondencia entre los contenidos que se abordan el libro y la experiencia del autor en ese ámbito.

■ Cuarta de forros o contraportada
Debe incluir una descripción sencilla y clara del tema del libro
Describir características que inviten a la lectura y logre convencer al lector de adquirirlo.
Datos generales del autor o BIO.
Elementos de contacto con el autor (redes sociales).

El siguiente elemento a considerar en el plan de mercadotecnia del autor, es el conocimiento y definición de las plazas o canales de distribución del libro. A continuación describimos las diversas opciones que se tienen para lograrlo.

- **Librería.** Se constituye como el mayor grupo de minoristas, ya sean las cadenas de librerías que manejan grandes mercados o bien las librerías pequeñas o independientes, la mayoría de las veces de tipo local, quienes buscan tener siempre disponibles libros de interés general.

- **Librerías en línea.** Cuentan con un catálogo virtual amplio y diverso, en virtud de que no es necesario almacenar todos los libros que venden. Prácticamente, las tiendas virtuales, no tienen límites en relación con la amplitud y la profundidad de sus catálogos. Actualmente, se dirigen a un extenso mercado potencial, puesto que ofrecen la alternativa de una compra en línea, con un servicio de entrega eficaz, tanto en la modalidad de libro impreso como electrónico.

Como señala Aaron Shepard (2000), las librerías en línea, también son los puntos de venta más naturales y convenientes para libros electrónicos. Este mercado se encuentra liderado por Amazon.com. Entre las ventajas para los autores, es que permiten realizar correcciones o incorporar materiales complementarios para sus catálogos.

- **Ferias del Libro.** Son una extraordinaria alternativa para comercializar, promocionar y captar un número elevado de lectores. Existen ferias de libros locales, regionales, nacionales e internacionales. Por ejemplo, una feria de libros para niños o jóvenes, puede ser alojada y dirigida por una escuela.

Las instituciones que organizan ferias de libros, consideran la presencia de diversos editores y se realiza una exposición extensa de títulos y autores. Es una excelente plataforma para el autor, puesto que se consideran eventos especiales para la presentación de libros.

- **Tiendas departamentales y clubes de almacén.** Son puntos de venta donde se venden libros de diversas Editoriales, aunque se exhiben en pequeñas cantidades, por lo que no hay diversidad de temáticas. Aunque no constituye una de las principales opciones, es una alternativa para algunos nichos de mercado.

5.2. De la marca a su promoción

📖 Portafolio de la marca

Es el momento de que conozcas algunas herramientas e instrumentos que te permitirán comenzar a posicionarte como autor entre los lectores. Tú eres tu propia marca y por lo tanto, eres el mejor promotor de tu imagen.

Para John Kremer (2006), un autor es un anuncio viviente y andante de su propio libro. La forma más importante de promocionar un libro es por medio del propio autor.

El autor debe considerar todos los medios para promocionar su libro, además debe generar su propio plan de marketing. Incluye promoción de ventas y publicidad por medios impresos y electrónicos. En la promoción de ventas, se pueden negociar ofertas especiales, así como hacer presentaciones del libro en congresos o a través de cursos para venderlo por sí mismo.

Aquí te presentamos algunas ideas que puedes considerar para promocionar tu libro:

- Es importante que tú como autor definas los segmentos a quienes dirigirás la promoción.
- Crear un plan de marketing personal.
- Puedes negociar descuentos especiales para tus lectores.
- Comprar y vender los libros por cuenta propia. Esto puede tener un impacto más importante en la venta de libros. Hay autores que son excelentes vendedores.
- Como autor puedes autografiar copias de tus libros en eventos o librerías; si consideras obsequiar tus libros en lugares importantes o a contactos clave, debes llevar las copias autografiadas por anticipado.
- También, puedes promover sesiones personalizadas de autógrafos con contactos importantes, las copias personalizadas llaman más la atención que las copias ordinarias.

- Puedes buscar intercambios con los medios de comunicación o promocionar tus obras con elementos como: posters, folletos, volantes, etc.
- Es importante imprimir la página de internet del autor o bien redes sociales, en la cuarta de forros de tus libros.
- Debes estar dispuesto a ser contactado por tu público lector.
- Siempre debes considerar en tus presentaciones las ventajas competitivas de tu obra, o bien, entregárselas por escrito a un promotor o vendedor.
- Hacer relaciones públicas relacionadas con lo que escribas.
- Escribir para causas, educación, organizaciones gubernamentales y no gubernamentales.
- Escribir para el periódico o revistas.
- Entregar postales del autor (por ejemplo con mensajes navideños) y las tarjetas de presentación del autor con fines comerciales de tus libros.
- Presentar tu libro en medios de comunicación masiva: spot de radio o televisión.
- Mercadear a un específico segmento de mercado, es decir, identificar un mercado meta u objetivo que reúna las características del público lector a quien diriges tu obra, buscando cubrir sus necesidades.
- Debes hacer una lluvia de ideas de cosas que te hayan dicho tus amistades o que hayas visto, eso te ayudará a identificar las necesidades del mercado al que deseas dirigirte.
- Haz una entrevista a tus amigos o contactos y pregúntales qué libros sobre ese tema creen que haga falta en el mercado.
- Crea la estructura del libro (a partir de la técnica de las notas adhesivas), porque tienes que ver si hay suficiente contenido sobre ese tema y debes determinar los beneficios que buscas obtener con esa publicación.
- Pregunta a tus contactos que opinan sobre ese orden de contenido.

■ Haz una plática sobre el contenido de tu libro y registra los comentarios y sugerencias de las personas y toma decisiones a partir de ellas.

■ Brinda consultoría y sé tu propio promotor.

■ Si tú eres escritor, entonces eres un maestro y un consultor. Procura enseñar a través de lo que escribes y da consultoría cuando te lo soliciten.

■ Conviértete en tu mejor mercadólogo, elabora una reseña atractiva que te ayude a promover tu libro. Tu conversación promueve tus servicios y siempre piensa en ti como un autor profesional.

■ Deberás contar con tu portafolio de autor.

El autor, se volverá el mejor promotor en ventas, el más capacitado y dedicado, porque mantiene un contacto directo con sus lectores.

El portafolio de autor es fundamental para poder realizar la promoción de tu libro. Este instrumento está integrado por los siguientes elementos:

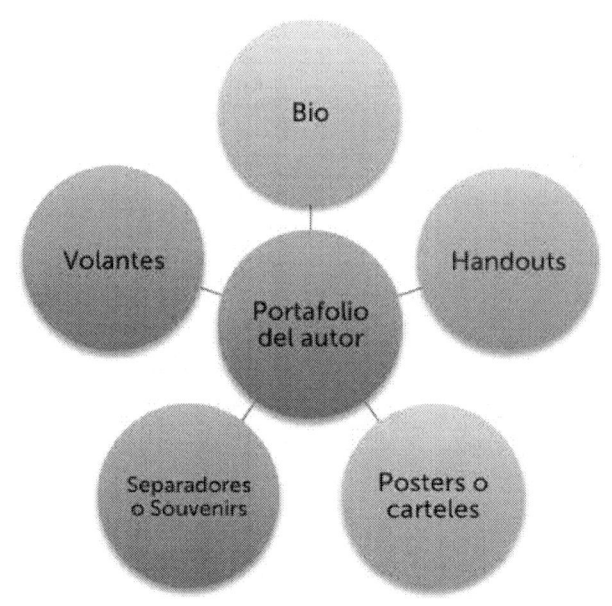

Figura No. 34. Elementos del portafolio del autor.

■ BIO. Está integrada por datos generales del autor, donde se destaca su experiencia y obras publicadas. Es muy distinto del curriculum vitae.

■ Handouts. Es un instrumento de promoción del autor y sus libros de un tamaño intermedio entre poster y volante.

■ Posters o carteles, que tienen como propósito difundir información sobre el autor, sus obras o eventos donde participará.

■ Volantes. Son los instrumentos de promoción más empleados por ser prácticos y normalmente se imprimen a media carta o en un cuarto de hoja.

■ Separadores o souvenirs. Son muy atractivos para los lectores y en ellos se coloca información breve sobre la obra y el autor.

■ Evaluación del autor. Es un formato que el autor debe diseñar a fin de que al término de su presentación en eventos como congresos, cursos o talleres, obtenga información de los participantes, por ejemplo el correo electrónico, para conformar una base de datos de sus lectores potenciales.

■ Ejemplares de la obra. En todo momento, se sugiere que el autor tenga ejemplares impresos de la obra, sobre todo en los eventos donde se presentará.

■ Tarjetas de presentación. Es otro instrumento de promoción muy utilizado, sobre todo porque contiene datos de contacto del autor.

Figura No. 35. Ejemplo de portada de libro

📖 Portafolio de eventos

Es necesario prepararse para eventos donde puedes hacer la presentación de tu libro. Estos eventos son muy importantes para posicionar tu imagen de autor, por lo que debes buscar participar en congresos, talleres, cursos, entre otros. Así mismo, puedes organizar eventos donde realices la presentación de tus libros como: asociaciones de lectores o profesionistas, ferias del libro local, nacional e internacional, o cualquier otro espacio donde puedas promocionar tus obras.

Evelyn Gallardo (2000), recomienda diseñar invitaciones que te permitan tener un acercamiento con tu público lector, elaborar un programa del evento y realizar actividades de registro de los participantes, a fin de poder solicitar datos generales de los lectores, principalmente su correo electrónico.

El programa debe incluir la presentación de tu libro, realizando una lectura corta o presentando una sinopsis, así como reconocer el apoyo de aquellas personas que participaron en el proceso de publicación de tu libro.

A continuación, describimos los elementos que debes considerar al momento de integrar el portafolio de evento.

■ Lista de requerimientos
Consiste en entregar una relación previamente al evento, donde describas necesidades específicas en relación con materiales, equipos o instalaciones.

■ Sinopsis de Curriculum actualizado
Debes elaborar un curriculum breve de tu trayectoria profesional y como autor.

■ Invitación
El diseño de la invitación al evento es muy importante para atraer a las personas que estarán presentes. Se sugiere que realices tu propio diseño o bien te asegures de supervisar que el formato en que se presente sea de tu agrado.

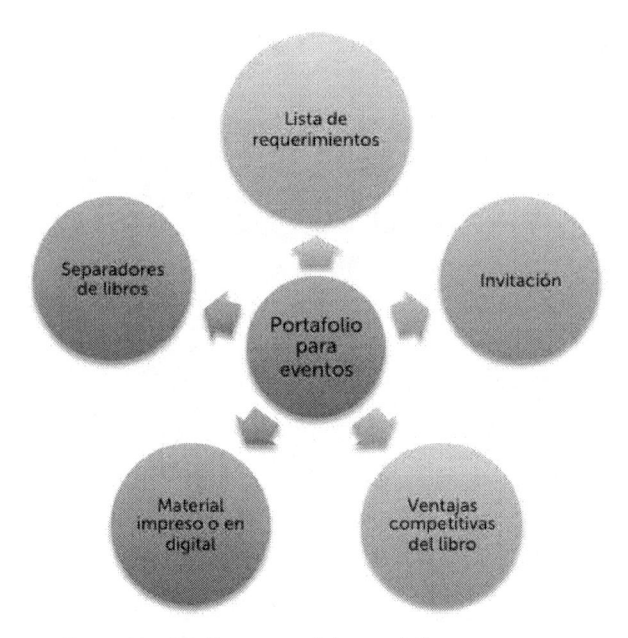

Figura No. 36. Elementos del portafolio para eventos.

■ Separadores de los libros
Es un instrumento que se entrega a los participantes en el evento y contiene datos generales del autor y su obra.

■ Ventajas del producto
Se sugiere llevar impresa esta información, la cual también se presenta en la cuarta de forros de tu libro.

■ Material para fotocopiar
En caso necesario, debes preparar todo el material que será utilizado durante el evento.

Evelyn Gallardo (2000), menciona incluso que el portafolio para eventos debe contener: equinácea en gotas, hojas de pedido de mayoreo, lista de precios, señalador, entre otros.

📖 Marketing en Amazon

Debido a la importancia que tiene el marketing para el autor, es importante considerar que los procesos de autopublicación, incluyen estrategias que facilitan la difusión, promoción y comercialización de tu obra.

En la autopublicación, subir los archivos de tu libro a la plataforma de Amazon no es suficiente para venderlo y posicionarlo en el mercado. Es necesario conocer además cómo calcular regalías, cómo calcular el precio de tu libro y cómo utilizar las ofertas y anuncios de Amazon como estrategia de promoción y ventas.

Para lograrlo, las empresas de autopublicación como Amazon, poseen un conjunto de estrategias de marketing en las diferentes fases del proceso: pre-lanzamiento y lanzamiento.

En la etapa de pre-lanzamiento, se pueden otorgar descuentos especiales o bien la preventa de libros con oferta, que se pueden mantener por un periodo breve e incluso promociones como libro gratuito. En el lanzamiento, te sugieren agregar promociones que te conduzcan a elevar las ventas de los libros.

Una de las estrategias que se desarrollarán con precisión en el siguiente capítulo, consiste en obtener comentarios positivos, que se registran a través de estrellas. Esto sugiere que otros lectores emitan también sus opiniones sobre la obra del autor.

Otra de las ventajas de la autopublicación, es que las estrategias de marketing que te ofrecen las plataformas como Amazon, se pueden aplicar tanto para libro electrónico, como en la modalidad de libro impreso bajo demanda.

Como lo hemos mencionado con anterioridad, en cuanto a las ganancias de publicar y tener el servicio de impresión bajo demanda, se puede decir que son mayores con respecto al proceso tradicional de una editorial convencional.

Además, en la impresión bajo demanda, no se necesita un pedido inicial de la obra, ni costos iniciales, como tampoco excesos de inventario, ya que el producto se imprime cuando una persona lo compra. Es así como funciona la impresión por demanda, el autor o editor digital no necesita pagar por la publicación.

Autoevaluación

Valora en una escala del 1 al 10 el avance en cada una de las siguientes etapas del desarrollo de tu libro. Donde 1 corresponde a no realizado y 10 representa que has concluido.

Etapa	1	2	3	4	5	6	7	8	9	10
Comprendí la necesidad e importancia de la mercadotecnia del autor.	1	2	3	4	5	6	7	8	9	10
Identifiqué elementos del título, portada, contenido y contraportada de mi libro para hacerlo competitivo.	1	2	3	4	5	6	7	8	9	10
Logré identificar los diversos canales de distribución para mi libro.	1	2	3	4	5	6	7	8	9	10
Conocí diversas estrategias, instrumentos y medios para promocionar mi libro.	1	2	3	4	5	6	7	8	9	10
Diseñé cada uno de los elementos que integran el portafolio del autor.	1	2	3	4	5	6	7	8	9	10
Identifiqué y elaboré los instrumentos que integran el portafolio para eventos.	1	2	3	4	5	6	7	8	9	10
Comprendí las ventajas de las estrategias que ofrece Amazon en la autopublicación.	1	2	3	4	5	6	7	8	9	10

CAPÍTULO SEXTO:
CREA, CONECTA Y COMPARTE

6.1. Marketing en la era digital
- Las redes sociales como herramienta de marketing
- Blog y página Web

6.2. Posicionamiento como autor
- Posiciona tu libro en Amazon
- Crea tu página de autor en Amazon
- Reseñas o comentarios, calificación del lector

6.3. Del best seller a la carrera de autor
- Aspectos a considerar para elevar ventas
- Carrera del autor

6.1. Marketing en la era digital

El marketing en la era digital es un proceso que utiliza diversas herramientas que nos ofrece internet, vinculadas con el uso de las redes sociales y recursos digitales que te permitirán promover tu imagen como autor y tus obras de una forma eficiente y eficaz, llegando a un mayor número de lectores.

¿Ya pensaste en tu marca de autor?

Para comenzar es preciso que pienses en una marca como autor, es decir, un símbolo, logotipo o nombre que te identifique en una forma más fácil y práctica ante tus lectores.

Tu marca deberá estar en todas las redes sociales que sean apropiadas para la difusión de la obra, si tu marca es tu nombre, úsala en cada una de ellas.

📖 Las redes sociales como herramienta de marketing

En las redes sociales tienes un factor de desarrollo importante en el ámbito del marketing digital. Ana Nieto (2017), señala necesario determinar las redes sociales que emplearás en este proceso.

En primera instancia, debes partir de identificar a tu público objetivo, es decir a tus lectores. Analiza según la edad y características particulares de esa población, el tipo de redes sociales que utilizan mayormente. Por ejemplo, si tu libro está dirigido a jóvenes, seguramente identificarás que una de las redes sociales que más emplean es *Facebook e Instagram*. Por lo contrario, si tu público lector son profesionistas en algún ámbito particular, entonces deberás pensar en *Linkedin, Twitter o SlideShare*.

Además, como también señala Ana Nieto, es conveniente que vincules todas tus redes sociales con un blog o página web, de esta manera, tendrás mayores beneficios y más visitantes que seguramente en algún momento estarán interesados en tu obra.

La información que utilices en tus redes sociales debe estar sumamente cuidada y con objetivos claros y precisos. Es recomendable que crees un perfil basado en la BIO que elaboraste en tu portafolio de autor. Emplea las palabras claves de tu obra y la descripción que aparece en la cuarta de forros de tus libros.

A continuación, te invitamos a que realices un mapa mental como se describe, a fin de que puedas identificar las redes sociales más convenientes para realizar el marketing digital de tu obra y así promocionar tu marca y tu obra.

Figura No. 37. Elementos de la marca del autor.

En el centro del mapa mental escribe tu marca, la mayoría de los autores eligen su propio nombre. Piensa en esa marca como un identificador par tus lectores, ese nombre corresponde a la forma como te van a buscar en redes sociales. Analiza cómo deseas proyectar esa marca.

Necesitamos una página web, entonces escribe este punto en el mapa. De ahí se desprenden todas tus redes sociales: página de *Facebook, Blog, WhatsApp*, entre otras.

En el diseño de tu blog, es importante que utilices tu marca personal y las palabras clave para que los lectores potenciales te puedan encontrar más fácilmente.

Agrega al mapa el *mailing*, que te permite agregar a tu lista de contactos de correo electrónico a los lectores posibles de tu obra.

Debes ser minucioso al buscar los contactos clave, por ejemplo, en *WhatsApp*, también puedes hacer grupos y contactarte directamente con un selecto grupo de lectores.

Por último, agrega a tu mapa la página de autor de Amazon, la cual se explicará en la siguiente sección, su importancia y cómo diseñarla.

Es importante que todas tus redes sociales estén interconectadas, para ello deben aparecer tus enlaces en tu Blog o Página web.

Figura No. 38. Redes sociales interconectadas.

📖 Blog y página Web

El blog y la página web, son una excelente opción para realizar el marketing de tu obra.

■ ¿Cuál es la diferencia entre el blog y la web page?

Un blog es un sitio en internet, donde su autor publica información relativa a un tema o actividad particular, a través del cual comparte información, imágenes o videos, siendo de carácter interactivo, puesto que los usuarios pueden comunicarse con el autor a través de comentarios. Mientras que una página web, tiene un diseño más dinámico y puede albergar una mayor cantidad de texto, imágenes y video, siendo su principal finalidad ser un vehículo de información.

Para la creación de tu blog como autor, podemos mencionar *Blogger y WordPress*.

En *Blogger* por ejemplo, puedes enlazar todas sus redes sociales, guardar un post y lo puedes compartir con alguien dejando un enlace. También, se puede dar acceso a que la gente comente lo que hay en el post, es decir, tienes el control para modificar, agregar información y permitir o no que los usuarios hagan comentarios.

WordPress. Tiene características de funcionalidad más dinámica, por lo que puede resultar más atractivo, según tus necesidades. Hay aplicaciones de diseño que son más decorativas y otras que lo hacen más funcional.

Una sugerencia general en el diseño de tu blog y página web es que cuando vayas a hacer publicaciones de varios posts en tus redes sociales, busques estandarizar tipografías y formato en el diseño.

6.2. Posicionamiento como autor

📖 Posiciona tu libro

▪ Una vez elegida la opción de publicación que satisface tus necesidades e intereses como escritor, toma en consideración las siguientes recomendaciones que te permitirán posicionar tu libro en el mercado:

▪ Si tu libro tendrá como destino una Editorial convencional y no electrónica: Desarrolla una buena relación con tu Editor y demás integrantes del equipo de publicación. Independientemente de la opción que elijas al publicar, siempre muestra profesionalismo y busca mantener estrecho contacto para que conozcan lo que estás escribiendo y cómo deseas promover tus libros.

▪ Hacer apariciones públicas frecuentes. Esta es una actividad que promueve tus libros de forma directa y apoya tu imagen como escritor. Puedes organizar eventos públicos como los que se mencionan a continuación:

▪ Visitar oficinas de tu mercado meta, llámese sector educativo, empresarial, salud, ferias, etc.

- Participa en eventos de lectura organizados por una biblioteca.
- Autografiar libros en una librería o centro comercial.
- Participar en una conferencia en alguna universidad.
- Presentarse en un congreso o impartir algún curso, plática o taller.

Utiliza los medios de comunicación a tu favor. Esto implica necesariamente el uso de las tecnologías de la información y la comunicación, a través de las diversas redes sociales; pero también emplea medios locales, como puede ser un periódico, una radiodifusora, revistas, entre otros.

- Crea un blog o una página Web que permita a tus lectores identificarte rápidamente y a tus libros. También debes contar con una dirección de correo electrónico permanente y construir una red de recursos, donde se vinculen todas las modalidades para que tus lectores tengan mayor información sobre tus obras.

Crea tu página de autor en Amazon

- ¿Por qué es importante crear la página del autor en Amazon?

La creación de tu página de autor en la plataforma de autopublicación, te brinda grandes beneficios, porque permite a tus lectores conocer las obras que has publicado, facilita que ellos sepan quién eres, pero sobre todo, que conozcan la experiencia que tienes en el tema y las actividades profesionales que realizas.

Otro beneficio es que permite tener una mayor cercanía y contacto con los lectores y es una excelente herramienta para incrementar las ventas de tu libro. Encontramos, por lo tanto, que todo se va enlazando, de manera que en la página del autor vas a poder tener enlaces a un blog, a tus redes sociales, así mismo podrás publicar un video, entre otras herramientas.

La creación de la página de autor es una gran estrategia mercadológica que te permitirá reforzar la imagen que deseas transmitir a tus lectores. Para lograrlo, solamente tienes que seguir tres sencillos pasos que describimos a continuación.

Proceso para crear tu página de autor.

Paso 1: Crea una cuenta.

Paso 2: Esperar a recibir notificación vía correo electrónico.

Paso 3: Subir la información de interés para el autor.

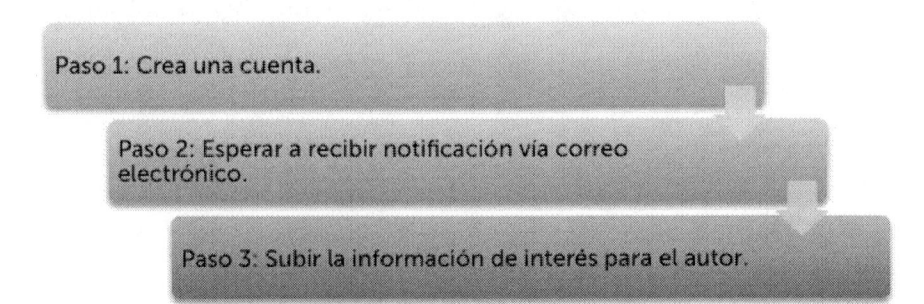

Figura No. 39. Proceso para crear una página de autor en Amazon.

Para crear la página de autor, es requisito indispensable tener al menos publicado un libro o bien, que el original se encuentre en pre-lanzamiento de 30 días con Amazon, ya que el acceso a la plataforma, implica tener la portada, reseña en la cuarta forros y BIO del autor, de otra forma no podrás crearla.

Empecemos el procedimiento como lo indica Amazon, para lo cual también te sugerimos revisar el tutorial que la empresa te proporciona. Una vez que ingresas tus datos, debes esperar a recibir una notificación a través de correo electrónico, en la que verifican la información de tu perfil y Amazon te envía un enlace para poder ingresar y empezar a crear la página de autor. En este momento, es cuando se comienza a subir la información que deseas que aparezca en esta herramienta de marketing de Amazon.

PASO 1. Crear una cuenta.

■ Ingresar al sitio: https://authorcentral.amazon.com/
■ Crear una cuenta.

- Se puede ingresar a todos los servicios que ofrece Amazon para el autor, con el mismo usuario, correo electrónico y contraseña.

Aquí te presentamos una imagen de la plataforma para crear la página de autor, para comenzar te solicitarán ingresar tu correo electrónico y contraseña. Recuerda que los datos corresponden a la misma cuenta que creaste al iniciar el proceso de autopublicación, la cual te da acceso a todos los servicios digitales de Amazon.

Figura No. 40. Plataforma para crear la página de autor en Amazon.
Fuente: https://www.amazon.com Amazon.com.Inc. o afiliados. Todos los derechos reservados

PASO 2. Espera a recibir notificación vía correo electrónico

■ Al realizar la solicitud para crear la página de autor, Amazon enviará un enlace a tu correo electrónico para validarlo.

■ Es importante considerar un tiempo estimado de siete días para recibir el correo.

■ Una vez recibido podrás acceder para comenzar la creación de tu página de autor.

PASO 3. Subir la información de interés para el autor

■ Biografía del autor
Ingresa datos generales como autor que permitan a tus lectores conocer lo que haces y a partir de ello explicarles qué beneficios puedes ofrecer mediante tu obra.

Es recomendable que no sea demasiado extensa y tampoco demasiado formal.

Se sugiere que contenga tus datos de contacto o redes sociales, para que estén a disposición de tus lectores.

▪ Libros publicados en Amazon
Aparecen las portadas de todos los libros, con sus diferentes versiones (electrónico o impreso), su descripción y el precio de venta. Al seleccionar la portada de alguno de tus libros, los lectores serán direccionados a los datos generales del libro y su descripción. Blog Post
Se emplea como una estrategia de marketing, puesto que permite direccionar al lector a un blog del autor.

▪ Videos
El autor puede subir videos de eventos o participaciones importantes relacionadas con los libros de su autoría.

▪ Fotografías
El autor decide las fotografías que desea aparezcan en su página de autor.

▪ Eventos
La planeación y organización de un evento especial para presentar tu libro o cualquier otro evento de interés para tus lectores, es una excelente estrategia para difundirlos.

▪ Enlaces con tus redes sociales.
A continuación te presentamos como ejemplo la página de autor de Judy Goldman[1].

En el momento de escribir en la plataforma de Amazon, el nombre del autor que el lector desea consultar, aparece su fotografía y todos los libros que el autor tiene publicados. Por ejemplo, la página de Judy Goldman tiene varios libros publicados y disponibles para su comercialización. Si el lector desea estar informado de actividades realizadas por el autor, puede seleccionar la opción "seguir", ubicada en la parte inferior de su página.

[1] *Judy Goldman, escritora mexicana. Autora de cuentos y más de 40 libros para niños publicados en México, Colombia, Brasil, Alemania y los Estados Unidos.*

Figura No. 41. Página de autor en Amazon. Fuente: https://www.amazon.com Amazon.com.Inc. o afiliados. Todos los derechos reservados

De esta forma, en el momento que el autor publique o quiera dar a conocer un nuevo libro, edición, o bien, vincular la información de su página con su blog, subir un video, entre otras acciones; el lector tendrá esa información y podrá estar siguiendo todo lo que publica el autor.

Si el lector da clic en la portada de los libros, se despliega la información específica de ese libro: su descripción, formatos en que está disponible (*Kindle* o en Papel), así como el costo. También hay una sección en la página del autor que es el blog post. Esta es una estrategia de marketing que te permite enlazar al lector o a la persona que está consultando tu página, al blog personal o página web.

Figura No. 42. Biografía del autor en Amazon. Fuente: https://www.amazon.com Amazon.com.Inc. o afiliados. Todos los derechos reservados

De igual manera, es posible publicar en la página del autor fotografías de algún evento, conferencia, simposio, en fin, información que sea importante y queramos compartir con los lectores. Se pueden promocionar eventos especiales para presentar el libro o cualquier otro tipo de actos que podamos relacionar con los libros publicados.

Figura No. 43. Visualización de libros del autor disponibles en Amazon.
Fuente: https://www.amazon.com Amazon.com.Inc. o afiliados. Todos los derechos reservados

Finalmente, podemos decir que la página del autor es una excelente estrategia a utilizar para compartir esa información y que todos los seguidores que vayas acumulando, tengan esa información y así hacerlos partícipes de lo que estás promocionando.

Por las diversas aplicaciones y funciones que tiene la página de autor en Amazon, esta herramienta es un elemento muy importante de marketing a nuestra disposición como autores del Siglo XXI.

■ ¿Cómo consultar una página de autor?

En el buscador de Amazon.
Escribe el nombre del autor y encontrarás un enlace que te envía a la página. Es importante mencionar que por el momento, esta opción solamente está disponible en Amazon.com

Desde la biografía del autor
Al final de la biografía, aparece un enlace que te enviará a la página del autor.

Debajo del título del libro del autor
En cada libro publicado aparece el nombre del autor y al seleccionarlo te direcciona a la página del mismo.

📖 Reseñas o comentarios, calificación del lector

Vamos a analizar tres estrategias que te permitirán captar lectores en Amazon, una vez que tu libro ya está en la plataforma.

■ ¿Cómo captar lectores en Amazon?

Estrategia No. 1
En la etapa de pre lanzamiento, puedes captar lectores, ofreciendo una versión gratuita en PDF. Antes de lanzarlo, el autor con su grupo de contactos, puede realizar una actividad de pre lanzamiento, que consiste en ofrecer de manera gratuita o en PDF su libro, a un público muy selecto. Este grupo, será un promotor del autor y su obra, porque el autor puede solicitar que publique un comentario en la plataforma de Amazon.

- Al publicar tu libro, al final de la vista previa, puedes insertar un enlace, donde brindas un obsequio al lector. Este obsequio puede ser el libro en versión Kindle gratis.
- Solamente le pides al lector su correo electrónico y esta información te permitirá ir conformando una base de datos de lectores potenciales.

En esta estrategia, se puede regalar una guía gratuita; para obtenerla se solicita al lector completar un formulario con sus datos, incluyendo su correo electrónico, para integrar al lector a una base de datos.

Esta herramienta permite conectar a los contactos con todas las redes sociales del autor, y de esa manera, cuando desee enviar alguna promoción o información relevante, ésta será recibida por todos sus contactos o público lector cautivo.

Estrategia No. 2.
Inserta un enlace a un video tutorial y ofrece un mini curso, con el propósito de recabar datos de contacto del lector y generar tu listado de clientes potenciales.

Estrategia No. 3.
En tu página de autor, coloca un enlace a tu blog, página de autor en Facebook, o bien, a tu página web y proporciona un regalo para el lector que te permita captar su interés por tus libros.

Estas estrategias te permitirán estar en contacto con tus lectores, ofreciéndoles algunos premios que tienen como propósito incrementar las ventas de tu libro y sobre todo interactuar con tus clientes potenciales.

¿Cómo conseguir comentarios en Amazon?

Es de suma importancia obtener comentarios positivos, a fin de que Amazon ubique tu libro dentro de las primeras opciones cuando un cliente potencial busca un título o algún tema en particular.

Amazon se basa en los comentarios recibidos, sobre todo en los que aparecen como compra verificada, es decir, cuando existe la seguridad de que la persona que emite el comentario, adquirió el libro a través de los servicios de la plataforma. Otro factor de importancia es que los lectores consideran los comentarios para tomar una decisión de compra.

Los comentarios más leídos son los dos o tres primeros que aparecen en la página de Amazon y normalmente son comentarios positivos. Sin embargo, no estamos exentos de que alguna persona pueda subir un comentario negativo. En la siguiente sección te diremos cómo disminuir el impacto que pudieran tener estos comentarios.

Considera los siguientes elementos relacionados con los comentarios que se reciben en la plataforma de Amazon:

- El lector decidirá realizar la compra de tu libro, en función del tipo de comentarios que aparezcan.
- Las estrellas le otorgan una valoración al libro, por lo que es necesario incrementarlas.
- El número total de comentarios positivos, es un factor preponderante para asegurar la compra de tus libros.
- Es importante mantener comentarios positivos, a fin de que el libro permanezca por más tiempo en los principales niveles de venta.
- Es conveniente que los comentarios se traten de distribuir en el tiempo. Porque a veces las estrategias de marketing se hacen en la etapa de lanzamiento y en las primeras dos semanas tiene excelentes comentarios y excelentes ventas, pero la idea es también que permanezcan durante un tiempo prolongado.

Algunos autores se dedican a hacer la búsqueda de comentarios favorables durante la primera semana de lanzamiento, sin embargo, debe ser un proceso permanente. Es más valioso 50 comentarios a lo largo de 3 meses por ejemplo, que 100 comentarios durante una semana, porque Amazon mide el éxito del libro a través de los comentarios que hacen los lectores.

Recomendaciones generales:

1. Pedir una opinión al final de tu libro.

Motiva que el lector deje un comentario positivo sobre tu libro. Para lograrlo, puedes escribir un agradecimiento o comentario solicitando a los lectores dejen sus opiniones. También puedes incluir un enlace a tu libro en tus redes sociales o publicar una vista previa en tu página de autor.

2. Busca lectores que han comentado libros parecidos al tuyo.

Esta es una estrategia más laboriosa, pero no imposible. Algunos lectores dejan datos de contacto al emitir comentarios o sugerencias sobre un libro. En este caso, puedes emplear esos datos para contactarte con el lector e invitarle a conocer tu libro, con el propósito de que pueda emitir algún comentario en la plataforma de Amazon.

3. Contacta a tus lectores, a fin de solicitar un comentario sobre tus libros.

Pedir a tus seguidores en Instagram o Facebook o cualquiera de tus redes sociales, escriban un comentario de tu libro en Amazon.

4. Busca blogs temáticos.

En estos blogs temáticos, puedes contactar miembros de asociaciones o grupos de escritores o lectores, a fin de dar a conocer tu libro y posteriormente puedes invitarlos a emitir comentarios en la plataforma.

5. Busca en LinkedIn lectores potenciales de tus libros.

Comparte a través de esta red social reseñas de tus libros, comentarios, opiniones de libros de la misma categoría. Seguramente, también encontrarás a otras personas que hacen esos tipos de comentarios.

6. Empieza a contactar lectores

Durante el primer mes, es cuando las plataformas de autopublicación otorgan más importancia a tu libro para su promoción. Por esta razón es importante que contactes amigos o colegas que puedan escribir comentarios sobre tu libro.

■ ¿Qué hacer en caso de un comentario negativo?

- Se puede invitar a otras personas a indicar que no les ha sido útil ese comentario. Hay un apartado en los comentarios, donde se puede activar esta opción. Esta acción disminuye la influencia de los comentarios negativos al libro.
- Los comentarios normalmente se ordenan por importancia

o por orden cronológico. Debido a esto, conseguir comentarios positivos, ubicará en una posición inferior a los comentarios desfavorables.
- Aunque existe una opción donde el autor puede responder al comentario de un lector, es preferible no hacerlo y evitar el debate de ideas.

6.3. Del best seller a la carrera de autor

📖 Aspectos a considerar para elevar ventas (Best Seller Amazon)

Para elevar las ventas, deberás seguir algunas estrategias que te permitan asegurar el éxito de tu libro en el mercado y lograr convertirlo en un Best Seller.

Para ello realiza el siguiente ejercicio que te permita identificar el potencial que tiene tu libro:

1. ¿Cuál es tu motivación y propósito para publicar?
2. ¿Cuál es el segmento de mercado para tu libro?
3. ¿Sabes cómo lo vas a vender?
4. ¿Estás dispuesto a promover tu libro?
5. ¿Cuáles serán las estrategias de marketing para lograrlo?

Para garantizar que tu libro tenga éxito, Andy Baldwin (2017), señala que debes estar siempre atento a los siguientes aspectos:

1. Nivel de ventas de tu libro.
2. Obtener comentarios favorables.
3. Mantener actualizado tu sitio web o redes sociales.
4. Promoción en línea.
5. Firmas de libros.
6. Programar eventos especiales para presentar tus libros.
7. Discursos y participación en congresos.
8. Análisis de tu competencia.
9. Vender a librerías o instituciones locales.
10. Publicidad permanente como autor.

📖 Carrera del autor

■ Construyendo tu carrera como autor

Un autor es aquel que escribe un libro y trabaja para convertirlo en un proyecto exitoso. Por ello, el camino para llegar a ser un escritor reconocido, no implica solamente esperar a que eso suceda, es un trabajo constante, una labor ardua, puesto que exige compromiso, constancia y dedicación.

Tal y como lo hemos presentado en el desarrollo de esta obra, el autor debe conocer una serie de técnicas y herramientas que le faciliten el proceso de creación y publicación de un libro. Esto significa que el autor, además de ser un personaje creativo, se convierta en un emprendedor y visionario.

Esta idea conduce al planteamiento de que el autor, debe seguir diversos procesos y poner en práctica una variedad de estrategias que le permitirán convertir una idea en realidad. Todo comienza con un plan, se organizan los recursos disponibles, se ejecutan estrategias específicas y finalmente, se evalúan los resultados para obtener una retroalimentación que servirá de base para iniciar un nuevo proceso de planeación y crear el siguiente libro. Para lograr tu misión como escritor y basándonos en los planteamientos de David Trottier (2005), a continuación te presentamos el círculo de verificación que te permitirá tener éxito en tu carrera como autor.

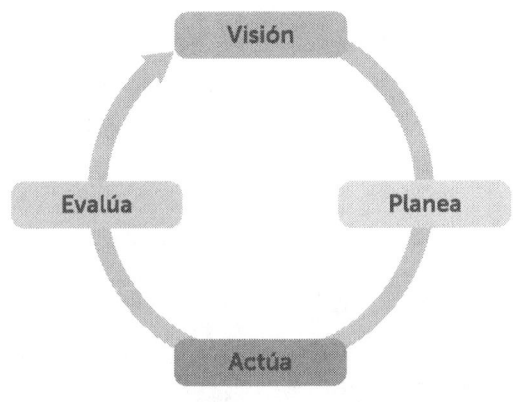

Figura No. 44. Círculo de verificación del éxito en la carrera del autor.

1. Visión de negocios.

Empieza por definir las metas del proyecto e identifica las pequeñas dificultades que pueden salir en el camino. Esto lo lograrás realizando el análisis FODA propuesto en el capítulo primero.

2. Planea tus estrategias de mercadotecnia

El siguiente paso es determinar directrices que tracen caminos hacia esas metas, es decir, un plan estratégico de marketing.

3. Actúa, poniendo en operación un conjunto de estrategias

Es la fase de ejecución, es decir, donde se implementa el plan. Siempre busca escribir algo nuevo, supervisa tus niveles de ventas y mantén una actitud de aprendizaje permanente.

4. Evalúa los resultados del plan

Tus acciones te darán resultados que pueden ser evaluados, entonces puedes crear nuevas metas y retos. Esta es la fase de retroalimentación de tus proyectos.

■ La práctica hace al maestro.

Al comenzar tu carrera como autor, debes escribir el mayor tiempo posible, ya que la escritura, como cualquier otra habilidad, requiere práctica.

Es importante también, conozcas las características de tu público lector y trates de convivir con ese segmento de mercado. Por ejemplo, si te dedicarás a escribir libros infantiles, busca actividades que te permitan pasar tiempo con los niños. Si tu libro pertenece a la categoría juvenil, debes conocer sus intereses y necesidades. Así sucede con todo tipo de público lector a quien te deseas dirigir.

Realiza la lectura de libros actuales relacionados con en el género y el grupo de edades de los libros que estás escribiendo.

Busca revistas y boletines dirigidos a escritores, editores, educadores o en relación con el género y categoría a que pertenece tu libro.

Toma cursos con escritores calificados o intégrate a círculos de escritores. Estos grupos son necesarios para desarrollar habilidades de expresión escrita y oral. Su propósito es integrar grupos de crítica, donde se intercambien los manuscritos con otros escritores y se obtenga una retroalimentación para mejorar tu obra.

Asiste a conferencias y convenciones de instituciones u organizaciones integradas por escritores. Son una excelente opción de aprendizaje y un medio importante para obtener valiosos contactos personales.

> **DATO INTERESANTE**
>
> La carrera de autor, implica disciplina y dedicación, sin embargo, una vez que se ha logrado escribir el primer libro, es un indicio de que es el primero de muchos otros por venir. Solamente, el autor debe proveerse de las herramientas necesarias para poder aprovechar al máximo su potencial.

Busca integrarte a sociedades de escritores e ilustradores, por la diversidad de información que se ofrece a los autores. Existen diversas organizaciones que cuentan con sitios web para interactuar con los escritores o bien para ofrecer cursos, talleres, conferencias o convocatorias para concursos literarios.

Piensa en términos de una carrera, oficio o actividad duradera.

Publicar tu primer libro es solamente, el primero de muchos pasos en la construcción de una carrera como un autor.

Ser un autor, va más allá del solo hecho de escribir. Tú eres el único que puede lograr que tus libros tengan éxito en el mercado. Tus libros se venderán mejor, si logras vender tu imagen como autor.

Una forma de mantenerte y posicionarte en la mente de tu lector, es lograr publicar al menos un libro al año.

Selecciona cuidadosamente tus proyectos de escritura. Considera escribir para diferentes grupos de edad; esto te ofrece una mayor posibilidad de captar a un mayor número de lectores y promover aún más tu trabajo.

Si eres un escritor de ficción, considera escribir series. Sobre todo si el primer libro logra obtener un lugar importante en los gustos del lector, seguramente les interesará seguir leyendo la historia que compartes.

Otra recomendación que realiza Shepard (2000), se relaciona con las ventajas que puede tener publicar con un solo editor, puesto que a mayor número de libros que quieras publicar con ellos, mayor podrá ser la intención de promocionarlos. Sin embargo, si el editor no se interesa por publicar todo tu trabajo, es conveniente considerar otras opciones de publicación.

Con las diversas modalidades de autopublicación en la era digital, la posibilidad de publicar tu libro en otras plataformas se incrementa.

De esta forma, no tienes que firmar una exclusividad por largo tiempo con una editorial o una empresa de autopublicación.

En las Editoriales convencionales, regularmente, los agentes rara vez están disponibles para escritores principiantes, por lo que un excelente comienzo es la autopublicación. Sin embargo, quizás en algún momento, algún agente o editor se interese por publicar y promocionar tus obras.

En caso de que elijas esta alternativa, considera que la responsabilidad principal para lograr el éxito de tu libro recae en ti mismo. Además, considera que ningún agente puede dar a su carrera tanto tiempo y atención como tú mismo.

Recomendaciones finales para escritores

1. Escribe con frecuencia. Como cualquier habilidad requiere práctica y aprendes mientras estás creando.
2. Busca la competencia de tus libros.

3. Lee libros relacionados con los temas que escribes o bien con las edades de los lectores a quiénes te diriges.

4. Lee revistas o páginas en internet para escritores, editoriales, bibliotecas, educadores o cualquier sitio relacionado con las temáticas que escribes.

5. Existen agrupaciones o asociaciones de escritores que ofrecen cursos o diplomados para que permanezcas actualizado.

6. Entra a un grupo de crítica editorial, para fortalecer tus libros con las opiniones de expertos y público en general.

7. Asiste a conferencias de escritores.

8. Realiza pruebas de tu material con grupos de niños, jóvenes o adultos, de acuerdo al sector a quién se dirigen tus libros.

9. Usa las redes sociales para promover tus libros.

10. Selecciona tus proyectos de libros, haciendo un análisis del contenido sin perder de vista tu público objetivo.

11. Considera escribir para diferentes grupos de edades.

12. La escritura de secuencias o series te permite mantener cautivo a tu público objetivo.

13. Reserva un lugar en tu casa para escribir y ve en qué momento tienes el tiempo y la tranquilidad necesaria para hacerlo.

14. Siempre lleva una libreta contigo para que registres tus ideas. Recuerda que pueden surgir en el momento más inesperado y en el lugar menos planeado.

15. Si no te puedes concentrar, recurre a alguna meditación leve, que ayude a relajarte para alcanzar un estado de calma y paz. Al principio de la meditación, piensa en el tema de tu libro.

16. Si eres un autor nuevo, comprométete al menos, los primeros 45 días a escribir una hora diaria.

17. En caso de la participación de coautores, debes establecer días de reunión o trabajo, para que comiencen a tener una disciplina que les conduzca a obtener el éxito deseado.

18. Si quieres realmente publicar tu proyecto necesitas dedicarle tiempo y espacio.

Para finalizar este recorrido que hemos compartido, te invitamos a hacer un compromiso contigo mismo. En todo proceso creativo, se requiere establecer un fuerte vínculo entre la capacidad imaginativa, la organización de ideas y los recursos disponibles. Es momento de emplear todo ese potencial que posees, convertir ideas en realidades palpables, porque escribir es en esencia trascender.

Autoevaluación

Valora en una escala del 1 al 10 el avance en cada una de las siguientes etapas del desarrollo de tu libro. Donde 1 corresponde a no realizado y 10 representa que has concluido.

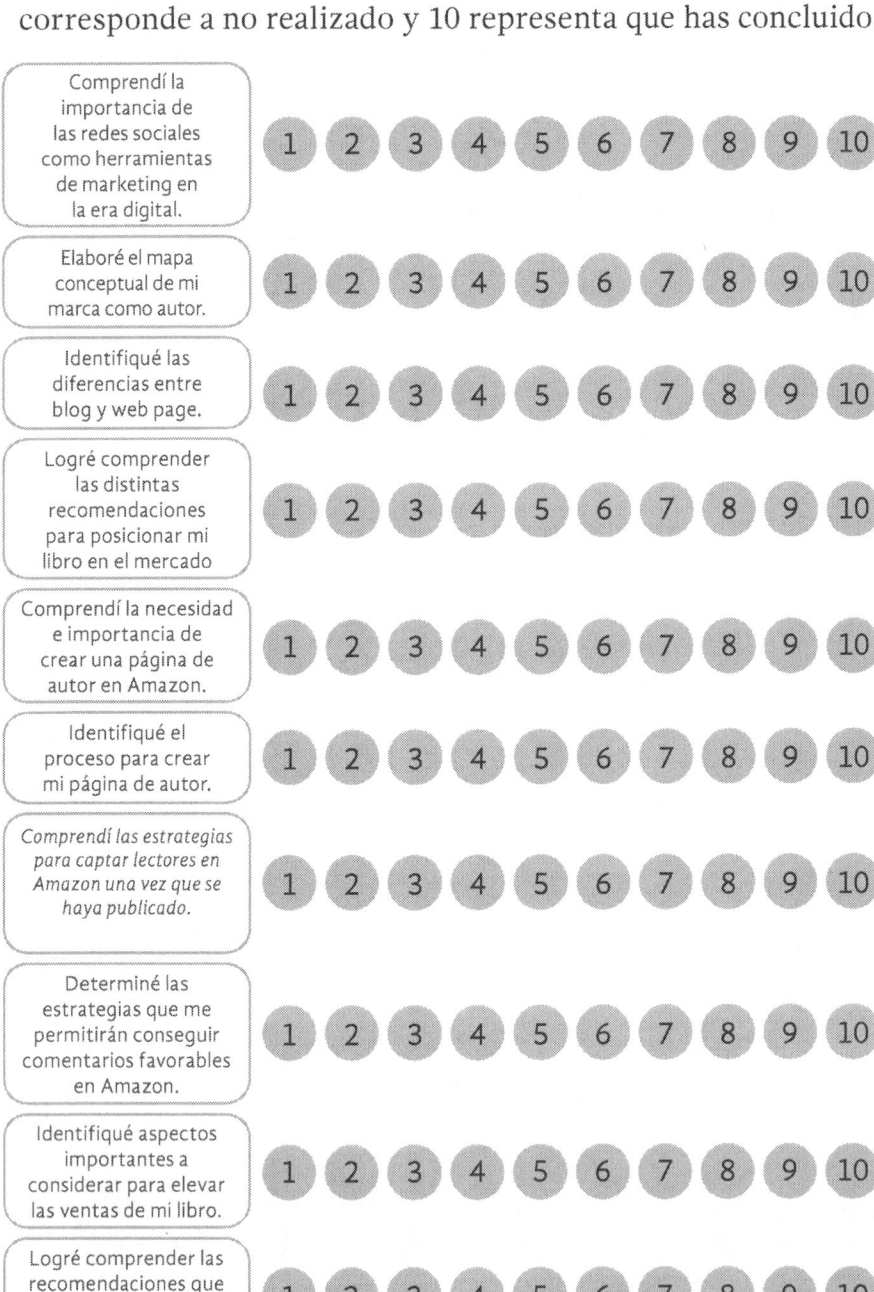

Comprendí la importancia de las redes sociales como herramientas de marketing en la era digital.	1 2 3 4 5 6 7 8 9 10
Elaboré el mapa conceptual de mi marca como autor.	1 2 3 4 5 6 7 8 9 10
Identifiqué las diferencias entre blog y web page.	1 2 3 4 5 6 7 8 9 10
Logré comprender las distintas recomendaciones para posicionar mi libro en el mercado	1 2 3 4 5 6 7 8 9 10
Comprendí la necesidad e importancia de crear una página de autor en Amazon.	1 2 3 4 5 6 7 8 9 10
Identifiqué el proceso para crear mi página de autor.	1 2 3 4 5 6 7 8 9 10
Comprendí las estrategias para captar lectores en Amazon una vez que se haya publicado.	1 2 3 4 5 6 7 8 9 10
Determiné las estrategias que me permitirán conseguir comentarios favorables en Amazon.	1 2 3 4 5 6 7 8 9 10
Identifiqué aspectos importantes a considerar para elevar las ventas de mi libro.	1 2 3 4 5 6 7 8 9 10
Logré comprender las recomendaciones que me permitirán construir mi carrera de autor.	1 2 3 4 5 6 7 8 9 10

Carta a los nuevos autores de la era digital.

> *"De los diversos instrumentos inventados por el hombre, el más asombroso es el libro; todos los demás son extensiones de su cuerpo... Sólo el libro es una extensión de la imaginación y la memoria".*
> **Jorge Luis Borges.**

Un libro es una de las creaciones más maravillosas, nos permite navegar por mundos que solo son alcanzables a través de su lectura. Es una oportunidad de compartir y abrir nuestra mente a infinitas posibilidades de conocimiento.

El libro es, sin duda, un instrumento que ha permitido por siempre y para siempre difundir conocimiento y cultura de formas inimaginables. La lectura, en consecuencia, se convierte en el medio para accesar a ellos, pero más aún, despierta la capacidad imaginativa del ser humano.

La escritura, se encuentra entre esas dos excepcionales opciones de aprendizaje: el libro y la lectura. Escribir un libro es más que una posibilidad para compartir y trascender, es el eslabón que nos conduce a imaginar aquello inimaginable, a percibir lo imperceptible y a palpar lo intangible, todo ello, a través de la palabra escrita.

Imagina la experiencia que representa ser el creador de una obra que estará en manos de un público lector, ávido por encontrar una fuente de inspiración, un momento de armonía consigo mismo, una ventana infinita al conocimiento. Porque como decía el gran escritor de todos los tiempos, Miguel de Cervantes: *"En algún lugar de un libro, hay una frase esperándonos para darle un sentido a la existencia".*

Por estas razones, hemos escrito esta obra pensada para ti que inicias tu carrera como autor, por encontrar en la publicación de un libro, una llave con acceso al saber que permite transformar ideales y realidades.

El compromiso del autor en esta era digital es infinito. Transitamos por una etapa donde la información se transmite a gran velocidad, el conocimiento se traduce en una forma de aprehender una realidad, enfrentarla y tomar decisiones que transformen la vida de las personas en sociedad.

Por todo lo anterior, dirigimos a ti las últimas líneas de esta obra, para invitarte a que escribas y publiques tus ideas, experiencias, emociones o conocimientos; no importa los medios que utilices para publicar, finalmente un libro es una forma de aportar a la cultura y difundirla. Independientemente del tema, género o categoría a que pertenezca tu libro, haz que se convierta en un legado para la humanidad.

Para ayudarte a dejar una huella indeleble, a través de la creación de un libro, es que en esta obra hemos incorporado las opciones de autopublicación en este tercer milenio: libro impreso, electrónico y audiolibro. Lo cual refuerza la idea de que el libro en papel nunca se terminará; el libro electrónico, por la facilidad para acceder a él a través de cualquier dispositivo móvil, se visualiza como una tendencia en crecimiento; finalmente, el audiolibro, se enmarca como la opción dirigida a un público lector con necesidades específicas, muy útil para personas que tienen deficiencia visual, múltiples ocupaciones o personas de la tercera edad.

Lo importante es escribir para compartir, indistintamente del formato que selecciones para publicar, la finalidad del libro jamás perecerá. Por ello, exhortamos a los nuevos autores de esta era digital, a publicar sus obras, asumiendo con entusiasmo y responsabilidad el inicio de una carrera como escritor y generador de nuevas ideas y conocimiento.

Siempre habrá algo nuevo por conocer, algo nuevo por transmitir, algo nuevo por escribir. No importa el formato, género o categoría de tu elección; porque como bien dice Gabriel Zaid «nunca serán los demasiados libros». Jamás el ser humano dejará de crear y creer, porque siempre existirán una gama de posibilidades; múltiples alternativas se abren ante el proceso de escritura y publicación de un libro.

Toma en tus manos la oportunidad de trascender mediante la escritura de un libro y aprovecha al máximo las ventajas que te ofrece la era digital, para lograr convertirte en un escritor del Siglo XXI.

Norma González Hermoso
Leticia Robles García

BIBLIOGRAFÍA Y RECURSOS EN LÍNEA:

American Psychological Association. (2010). *Manual de Publicaciones de la American Psychological Association.* México: Manual Moderno.

Baldwin, A. (2017). *The Self-Publishing Checklist.* Bookstand Publishing.

Bono, E. d. (2004). *El pensamiento creativo. El poder del pensamiento lateral para la creación de nuevas ideas.* México: Paidós.

Cámara de diputados. (13 de enero de 2016). *Diputados.gob.* Obtenido de www.diputados.gob.mx/LeyesBiblio/pdf/122_130116.pdf

Frank, C. (2003). *The Writing Teacher's Toolbox.* USA: Carson-Dellosa Publishing.

Galindo Cota, R. A. (2008). *Innovación de productos. Desarrollo, investigación y estrategias de mercado.* México: Trillas.

Gallardo, E. (2000). *How to promove your children's book.* Manhattan Beach, CA: Primate productions.

Korda, M. (2004). *Editar la vida. Mitos y realidades de la industria del libro.* México: Debate.

INDAUTOR. (2016). *www.indautor.gob.mx.* Obtenido de https://www.gob.mx/cms/uploads/attachment/file/138764/Manual_de_estilo._Derecho_de_autor.pdf

Jiménez, V. R. (1991). *Manual de redacción.* Madrid: Paraninfo.

Kremer, J. (2006). *1001 Ways to Market Your Books.* New Mexico, USA: Open Horizons.

Nieto, A. (2016). *El kit del escritor: 50 herramientas imprescindibles: Para ayudarte a: escribir rápido, publicar fácil y promocionar tu libro.* Amazon.

Nieto, A. (2017). *Triunfa con tu ebook.* Amazon Kindle.

OMPI. (2017). *wipo.int.* Obtenido de http://www.wipo.int/edocs/pubdocs/es/intproperty/450/wipo_pub_450.pdf

Paredes, E. A. (1999). *Prontuario de lectura, lingüística, redacción, comunicación oral y nociones de literatura.* México: Limusa.

Philip Kotler, G. (2012). *Marketing.* México: Pearson.

Shepard, A. (2000). *The business of writing for children.* Los Ángeles, California: Shepard Publications.

Thomas, W. (2003). *Editar para ganar. Estrategias de administración editorial.* México: Fondo de Cultura Económica.

Trottier, D. (2005). *The Freelance Writer's Bible.* Beverly Hills, CA. Silman-James Press.

Zaid, G. (1996). *Los demasiados libros.* México: Océano.

SOBRE LAS AUTORAS

NORMA GONZÁLEZ HERMOSO

Obtuvo la Licenciatura en Pedagogía por la Universidad Nacional Autónoma de México (UNAM) con Especialidad en Competencias Docentes de la Educación Media Superior, y la Maestría en Educación con Intervención en la Práctica Educativa.

Cuenta con una amplia experiencia como docente en la formación de jóvenes en bachillerato, en las áreas de Ciencias Sociales y Humanidades. También es asesora en proyectos de investigación e innovación y prototipos tecnológicos, así como instrutora en cursos tanto presenciales como en línea, de formación docente.

Es autora del libro: *"Cartas de Ética a un estudiante de Bachillerato"*.

IRMA LETICIA ROBLES GARCÍA

Es Profesora en Educación Primaria, *Coach* Certificado en Salud Cerebral, Terapeuta con enfoque Gestalt; tiene varios diplomados en temas de Neuropsicología. Actualmente se desempeña como Consultora, Terapeuta y *Coach* en Salud Integrativa, imparte cursos presenciales y *online* en temas de Autopublicación, Psicología Humanista, Conciencia Evolutiva y Resiliencia en el siglo XXI.

Ha publicado **varios libros** en Editorial Convencional de México, en Amazon y en Balboa Press.

https://www.amazon.com/Irma-Leticia-Robles-Garcia/e/

CONTACTO CON LAS AUTORAS

📇 MTRA. NORMA GONZÁLEZ HERMOSO

Maestría en Educación

Directora CBTIS 68, Puerto Vallarta, Jalisco

https://www.amazon.com/Norma-González-Hermoso/e/
https://www.facebook.com/NormaHermosoEscritora/
hermoso.avefenix@gmail.com

📇 BHCC. LETICIA ROBLES GARCÍA

Coach Certificada en Salud Cerebral

Terapias Integrativas

https://letyroblesavefenix.wixsite.com/letywriterandcoach
https://www.amazon.com/Irma-Leticia-Robles-Garcia/e/
letyrobles.avefenix@gmail.com

OTROS LIBROS DE LAS AUTORAS

En este libro quizás encontrarás una historia parecida a la tuya, que como muchas otras, seguramente te hará reflexionar acerca de tu propia vida. La experiencia adquirida te llevará a comprender como retomar el camino para recuperar tu proyecto de vida, como buscar ayuda cuando ésta es necesaria; porque lo más importante para gestar un cambio es tener la capacidad de darnos cuenta que es necesario reconstruirnos y sanar con valentía.

Seguramente conoces personas que han sido valientes guerreras en el proceso de sanar sus heridas emocionales.

Está dedicado a todas esas personas que tuvimos la dicha de conocer y a los que vendrán. Esperamos que estas líneas no solo sirvan de recordatorio sino de esperanza para las futuras generaciones.

En este libro encontrarás herramientas, técnicas y estrategias de Coaching Educativo con un enfoque transpersonal, orientadas a apoyarte en tu labor como educador, porque reconocemos la necesidad de favorecer procesos de desarrollo personal y maximizar los talentos, capacidades y habilidades de nuestros niños y jóvenes.

Las píldoras que presentamos contienen un conjunto de recomendaciones, actividades y ejercicios que contribuyen a favorecer procesos de aprendizaje significativo y desarrollar las competencias para la vida, inteligencias múltiples, funciones ejecutivas y habilidades socioemocionales, necesarias todas en los procesos educativos para enfrentar los desafíos del tercer milenio.

De venta en:
amazon.com

Diseñado por Max Oehler Aymerich

Noviembre del 2022

Impreso por amazon.com

Made in the USA
Columbia, SC
13 November 2023